华夏文明之源

玉 帛 之 路

QIJIA HUAXIA SHUO

齐家华夏说

易 华 / 著

甘肃人民出版社

图书在版编目（ＣＩＰ）数据

齐家华夏说 / 易华著. -- 兰州 ： 甘肃人民出版社，
2015.10
（华夏文明之源·历史文化丛书）
ISBN 978-7-226-04862-7

Ⅰ．①齐… Ⅱ．①易… Ⅲ．①齐家文化－研究 Ⅳ.
①K871.24

中国版本图书馆CIP数据核字(2015)第256402号

出 版 人：吉西平
责任编辑：马晓燕
美术编辑：马吉庆

齐家华夏说

易 华 著

甘肃人民出版社出版发行
（730030 兰州市读者大道 568 号）
甘肃新华印刷厂印刷

开本787毫米×1092毫米 1/16 印张13 插页4 字数174千
2015年11月第1版 2015年11月第1次印刷
印数：1~3 000

ISBN 978-7-226-04862-7 定价：35.00元

绚丽甘肃
MAGNIFICENT GANSU

华夏文明之源

《华夏文明之源·历史文化丛书》

编 委 会

总　序

　　华夏文明是世界上最古老的文明之一。甘肃作为华夏文明和中华民族的重要发祥地，不仅是中华民族重要的文化资源宝库，而且参与谱写了华夏文明辉煌灿烂的篇章，为华夏文明的形成和发展做出了重要贡献。甘肃长廊作为古代西北丝绸之路的枢纽地，历史上一直是农耕文明与草原文明交汇的锋面和前沿地带，是民族大迁徙、大融合的历史舞台，不仅如此，这里还是世界古代四大文明的交汇、融合之地。正如季羡林先生所言："世界上历史悠久、地域广阔、自成体系、影响深远的文化体系只有四个：中国、印度、希腊、伊斯兰，再没有第五个；而这四个文化体系汇流的地方只有一个，就是中国的敦煌和新疆地区，再没有第二个。"因此，甘肃不仅是中外文化交流的重要通道、华夏的"民族走廊"（费孝通）和中华民族重要的文化资源宝库，而且是我国重要的生态安全屏障、国防安全的重要战略通道。

　　自古就有"羲里"、"娲乡"之称的甘肃，是相传中的人文始祖伏羲、女娲的诞生地。距今8000年的大地湾文化，拥有6项中国考古之最：中国最早的旱作农业标本、中国最早的彩陶、中国文字最早的雏形、中国最早的宫殿式建筑、中国最早的"混凝土"地面、中国最早的绘画，被称为"黄土高原上的文化奇迹"。兴盛于距今4000—5000年之间的马家窑彩陶文化，以其出土数量最多、造型最为独特、色彩绚丽、纹饰精美，代表了中国彩陶艺术的最高成就，达到了世界彩陶艺术的巅峰。马家窑文化林家遗址出土的青铜刀，被誉为"中华第一刀"，将我国使用青铜器的时间提早到距今5000年。从马家窑文化到齐家文化，甘肃成为中国最早从事冶金生产的重要地区之一。不仅如此，大地湾文化遗址和马家窑文化遗址的考古还证明了甘肃是中国旱作农业的重要起源地，是中亚、西亚农业文明的交流和扩散区。"西北多民族共同融合和发展的历史可以追溯到甘肃的史前时期"，甘肃齐家文化、辛店文化、寺洼文化、四坝文化、沙井文化等，是"氐族、西戎等西部族群的文化遗存，农耕文化和游牧文化在此交融互动，形成了多族群文化汇聚融合的格局，为华夏文明不断注入新鲜血液"（田澍、雍际春）。周、秦王朝的先祖在甘肃创业兴邦，最终得以问鼎中原。周先祖以农耕发迹于庆阳，创制了以农耕文化和礼乐文化为特征的周文化；秦人崛起于陇南山地，将中原农耕文化与西戎、北狄等族群文化交融，形成了农牧并举、华戎交汇为特征的早期秦文化。对此，历史学家李学勤认为，前者"奠定了中华民族的礼仪与道德传统"，后者"铸就了中国两千多年的封建政治、经济和文化格局"，两者都为华夏文明的发展产生了决定性的影响。

自汉代张骞通西域以来，横贯甘肃的"丝绸之路"成为中原联系西域和欧、亚、非的重要通道，在很长一个时期承担着华夏文明与域外文明交汇、融合的历史使命。东晋十六国时期，地处甘肃中西部的河西走

2

廊地区曾先后有五个独立的地方政权交相更替，凉州（今武威）成为汉文化的三个中心之一，"这一时期形成的五凉文化不仅对甘肃文化产生过深刻影响，而且对南北朝文化的兴盛有着不可磨灭的功绩"（张兵），并成为隋唐制度文化的源头之一。甘肃的历史地位还充分体现在它对华夏文明存续的历史贡献上，历史学家陈寅恪在《隋唐制度渊源略论稿》中慨叹道："西晋永嘉之乱，中原魏晋以降之文化转移保存于凉州一隅，至北魏取凉州，而河西文化遂输入于魏，其后北魏孝文宣武两代所制定之典章制度遂深受其影响，故此（北）魏、（北）齐之源其中亦有河西之一支派，斯则前人所未深措意，而今日不可不详论者也。""秦凉诸州西北一隅之地，其文化上续汉、魏、西晋之学风，下开（北）魏、（北）齐、隋、唐之制度，承前启后，继绝扶衰，五百年间延绵一脉"，"实吾国文化史之一大业"。魏晋南北朝民族大融合时期,中原魏晋以降的文化转移保存于江东和河西（此处的河西指河西走廊，重点在河西，覆盖甘肃全省——引者注），后来的河西文化为北魏、北齐所接纳、吸收，遂成为隋唐文化的重要来源。因此，在华夏文明曾出现断裂的危机之时，河西文化上承秦汉下启隋唐，使华夏文明得以延续，实为中华文化传承的重要链条。隋唐时期，武威、张掖、敦煌成为经济文化高度繁荣的国际化都市，中西方文明交汇达到顶峰。自宋代以降，海上丝绸之路兴起，全国经济重心遂向东、向南转移，西北丝绸之路逐渐走过了它的繁盛期。

"丝绸之路三千里，华夏文明八千年。"这是甘肃历史悠久、文化厚重的生动写照，也是对甘肃历史文化地位和特色的最好诠释。作为华夏文明的重要发祥地，这里的历史文化累积深厚，和政古动物化石群和永靖恐龙足印群堪称世界瑰宝，还有距今 8000 年的大地湾文化、世界艺术宝库——敦煌莫高窟、被誉为"东方雕塑馆"的天水麦积山石窟、藏传佛教格鲁派六大宗主寺之一的拉卜楞寺、"天下第一雄关"嘉峪关、"道教名山"崆峒山以及西藏归属中央政府直接管理历史见证的武威白塔寺、中国旅游标志——武威出土的铜奔马、中国邮政标志——嘉峪关出土的"驿使"等等。这里的民族民俗文化绚烂多彩，红色文化星罗棋布，是国家12个重点红色旅游省区之一。现代文化闪耀夺目，《读者》杂志被誉为"中国人的心灵读本"，舞剧《丝路花雨》《大梦敦煌》成为中华民族舞剧的"双子星座"。中华民族的母亲河——黄河在甘肃境内蜿蜒900多公里，孕育了以农耕和民俗文化为核心的黄河文化。甘肃的历史遗产、经典文化、民族民俗文化、旅游观光文化等四类文化资源丰度排名全国第五位，堪称中华民族文化瑰宝。总之，在甘肃这片古老神奇的土地上，孕育形成的始祖文化、黄河文化、丝绸之路文化、敦煌文化、民族文化和红色文化等，以其文化上的混融性、多元性、包容性、渗透性，承载着华夏文明的博大精髓，融汇着古今中外多种文化元素的丰富内涵，成为中华民族宝贵的文化传承和精神财富。

甘肃历史的辉煌和文化积淀之深厚是毋庸置疑的，但同时也要看到，甘肃仍然是一个地处内陆的西部欠发达省份。如何肩负丝绸之路经济带建设的国家战略、担当好向西开放前沿的国家使命？如何充分利用国家批复的甘肃省建设华夏文明传承创新区这一文化发展战略平台，推动甘肃文化的大发展大繁荣和经济社会的转型发展，成为甘肃面临的新的挑战和机遇。目前，甘肃已经将建设丝绸之路经济带"黄金段"与建设华夏文明传承创新区统筹布局，作为探索经济欠发达但文化资源富集地区的发展新路。如何通过华夏文明传承创新区的建设使华夏的优秀文化传统在现代语境中得以激活，成为融入现代化进程的"活的文化"，甘肃省委书记王三运指出，华夏文明的传承保护与创新，实际上是我国在走向现代化过程中如何对待传统文化的问题。华夏文明传承创新区的建设能够缓冲迅猛的社会转型对于传统文化的冲击，使传统文化在保护区内完成传承、发展和对现代化的适应，最终让传统文化成为中国现代化进程中的"活的文化"。因此，华夏文明传承创新区的建设原则应该是文化与生活、传统与现代的深度融合，是传承与创新、保护与利用的有机统一。要激发各族群众的文化主体性和文化创造热情，抓住激活文化精神内涵这个关键，真正把传承与创新、保护与发展体现在整个华夏文明的挖掘、整理、传承、展示和发展的全过程，实现文化、生态、经济、社会、政治等统筹兼顾、协调发展。华夏文化是由我国各族人民创造的"一体多元"的文化，形式是多样的，文化发展的谱系是多样的，文化的表现形式也是多样的，因此，要在理论上深入研究华夏文化与现代文化、与各民族文化之间的关系以及华夏文化现代化的自身逻辑，让各族文化在符合自身逻辑的基础上实现现代化。要高度重视生态环境保护和文化生态保护的问题，在华夏文明传承创新区中设立文化生态保护区，实现文化传承保护的生态化，避免文化发展的"异化"和过度开发。坚决反对文化保护上的两种极端倾向：为了保护而保护的"文化保护主义"和一味追求经济利益、忽视文化价值实现的"文化经济主义"。在文化的传承创新中要清醒地认识到，华夏传统文化具有不同层次、形式各样的价值，建立华夏文明传承创新区不是在中华民族现代化的洪流中开辟一个"文化孤岛"，而是通过传承创新的方式争取文化发展的有利条件，使华夏文化能够在自身特性的基础上，按照自身的文化发展逻辑实现现代化。要以社会主义核心价值体系来总摄、整合和发展华夏文化的内涵及其价值观念，使华夏的优秀文化传统在现代语境中得到激活，尤其是文化精神内涵得到激活。这是对华夏文明传承创新的理性、科学的文化认知与文化发展观，这是历史意识、未来眼光和对现实方位准确把握的充分彰显。我们相信，立足传承文明、创新发展的新起点，随着建设丝绸之路经济带国家战略的推进，甘肃一定会成为丝绸之路经济带的"黄金段"，再次肩负起中国向西开放前沿的国家使命，为中华文明的传承、创新与传播谱写新的壮美篇章。

正是在这样的历史背景下，读者出版传媒股份有限公司策划出版了这套《华夏文明之源·历史文化丛书》。"丛书"以全新的文化视角和全球化的文化视野，深入把握甘肃与华夏文明史密切相关的历史脉络，充分挖掘甘肃历史进程中与华夏文明史有密切关联的亮点、节点，以此探寻文化发展的脉络、民族交融的驳杂色彩、宗教文化流布的轨迹、历史演进的关联，多视角呈现甘肃作为华夏文明之源的文化独特性和杂糅性，生动展示绚丽甘肃作为华夏文明之源的深厚历史文化积淀和异彩纷呈的文化图景，形象地书写甘肃在华夏文明史上的历史地位和突出贡献，将一个多元、开放、包容、神奇的甘肃呈现给世人。

按照甘肃历史文化的特质和演进规律以及与华夏文明史之间的关联，"丛书"规划了"陇文化的历史面孔、民族与宗教、河西故事、敦煌文化、丝绸之路、石窟艺术、考古发现、非物质文化遗产、河陇人物、陇右风情、自然物语、红色文化、现代文明"等13个板块，以展示和传播甘肃丰富多彩、积淀深厚的优秀文化。"丛书"将以陇右创世神话与古史传说开篇，让读者追寻先周文化和秦早期文明的遗迹，纵览史不绝书的五凉文化，云游神秘的河陇西夏文化，在历史的记忆中描绘华夏文明之源的全景。随"凿空"西域第一人张骞，开启"丝绸之路"文明，踏入梦想的边疆，流连于丝路上的佛光塔影、古道西风，感受奔驰的马蹄声，与行进在丝绸古道上的商旅、使团、贬谪的官员、移民擦肩而过。走进"敦煌文化"的历史画卷，随着飞天花雨下的佛陀微笑在沙漠绿洲起舞，在佛光照耀下的三危山，一起进行千佛洞的千年营建，一同解开藏经洞封闭的千年之谜。打捞"河西故事"的碎片，明月边关的诗歌情怀让人沉醉，遥望远去的塞上烽烟，点染公主和亲中那历史深处的一抹胭脂红，更觉岁月沧桑。在"考古发现"系列里，竹简的惊世表情、黑水国遗址、长城烽燧和地下画廊，历史的密码让心灵震撼；寻迹石上，在碑刻摩崖、彩陶艺术、青铜艺术面前流连忘返。走进莫高窟、马蹄寺石窟、天梯山石窟、麦积山石窟、炳灵寺石窟、北石窟寺、南石窟寺，沿着中国的"石窟艺术"长廊，发现和感知石窟艺术的独特魅力。从天境——祁连山走入"自然物语"系列，感受大地的呼吸——沙的世界、丹霞地貌、七一冰川，阅读湿地生态笔记，倾听水的故事。要品味"陇右风情"和"非物质文化遗产"的神奇，必须一路乘坐羊皮筏子，观看黄河水车与河道桥梁，品尝牛肉面的兰州味道，然后再去神秘的西部古城探幽，欣赏古朴的陇右民居和绮丽的服饰艺术；另一路则要去仔细聆听来自民间的秘密，探寻多彩风情的民俗、流光溢彩的民间美术、妙手巧工的传统技艺、箫管曲长的传统音乐、霓裳羽衣的传统舞蹈。最后的乐章属于现代，在"红色文化"里，回望南梁政权、哈达铺与榜罗镇、三军会师、西路军血战河西的历史，再一次感受解放区妇女封芝琴（刘巧儿原型）争取婚姻自由的传奇；"现代文明"系列记录了共和国长子——中国石化工业的成长记忆、中国人的航天梦、中国重离子之光、镍都传奇以及从书院学堂到现代教育，还有中国舞剧的"双子星座"。总之，"丛书"沿着华夏文明的历史长河，探究华夏文明演变的轨迹，力图实现细节透视和历史全貌展示的完美结合。

读者出版传媒股份有限公司以积累多年的文化和出版资源为基础，集省内外文化精英之力量，立足学术背景，采用叙述体的写作风格和讲故事的书写方式，力求使"丛书"做到历史真实、叙述生动、图文并茂，融学术性、故事性、趣味性、可读性为一体，真正成为一套书写"华夏文明之源"暨甘肃历史文化的精品人文读本。同时，为保证图书内容的准确性和严谨性，编委会邀请了甘肃省丝绸之路与华夏文明传承发展协同创新中心、兰州大学以及敦煌研究院等多家单位的专家和学者参与审稿，以确保图书的学术质量。

《华夏文明之源·历史文化丛书》编委会

2014 年 8 月

在"中国玉石之路与齐家文化研讨会"暨"玉帛之路文化考察活动"启动仪式上的讲话

今天的会议是我到甘肃工作以后参加的最有特色的会议，很高兴能有这次机会与各位学者进行交流。刚才听到了各位专家学者发言，很受启发。借此机会，我表达几点想法。

一、丝绸之路经济带的建设需要更深厚的学术研究作理论支撑。

从文化的角度讲丝绸之路，一般会从佛教说起，即所谓"西佛东渐"。佛教文化影响了从东到西早期的一些王朝，包括北魏等少数民族以及后来的大唐王朝等。佛教文化千姿百态，其核心文化内涵仍然是"和"，"放下屠刀，立地成佛"就是这个含义。

今天会议主题中的玉文化也有一个传承的过程。叶舒宪老师的文章中提到，历史上更早、或比佛教文化还早的是西玉东输，此后是西佛东渐。西玉东输到内地这个过程，物质化的是玉，精神化了的是文化，文化的内核仍然是"和"。正所谓"化干戈为玉帛"。因此，丝绸之路的文化精神，概括为一个字，就是"和"。这是自古以来就有的文化，又是一个到目前为止仍然活态传承着的文化，这一点非常不容易。当然，它与其他事物发展规律是一样的。比如敦煌，经过嬗变，其活态传承到了洛阳、内地，有的在唐蕃古道形成后，与藏传佛教又有融合，藏传佛教现在也是活态的。西玉东输的过程也是如此，现在真正活态着、物化着的玉的文化表达多数不在产地，这些地方现在已经成为被封存的文化遗产。目前，我们需要解决的问题是，要以考古学为基础，在学术上把这些离我们很远的，已经"碎片化"、"隐形化"、"基因化"的文化源头用现代科技手段和研究方法重新挖掘出来，使得历史和现在能够一脉相承地衔接下来，并表达清楚，这是我们需要做的工作。华夏文明保护传承创新区建设以来，我们侧重于包括佛教文化在内的其他早期文化的挖掘、整理、研究，概括起来就是两个字——传承。甘肃是华夏文明发祥地之一，如果我们再不搞这些基因化的东西，它们可能就会离我们越发久远，再过几代也许会失传。可喜的是，今天由《丝绸之路》杂志社、西北师范大学组织承办玉文化研讨会，汇聚了叶舒宪、赵逵夫、叶茂林等一批专家，专题研究玉石之路和齐家文化（也以玉为核心）。这是一件很有眼光的事。也许今天参与研究的人数不多，但可能会载入史册。

二、把玉文化作为重要课题，填补华夏文明传承创新区内容建设的空白。

现在，提到马家窑文化却跳开齐家玉文化，这是有问题的。马家窑可以上溯到 4000~5000 年，大地湾彩陶可以上溯到 8000 年左右，但在此过程中，范围更大的、对文化研究影响更久远的，在中国的文化内核中所坚守的最核心的文化价值在"玉"，而不在"陶"。如果丢了"玉"，就把灵魂性的东西遗失了。在此之前，这一部分研究有所忽略、重视不够。本次会议和考察活动弥补了这个缺憾，强化了这个课题的研究，让华夏文明传承创新区的内容建设、理论研究、学术探讨更加丰富多彩，更加全面。所以，我们对大家寄予厚望。

三、要按照活动设计，把理论研究、考古发掘、实地考察结合起来，通过现场走访、田野调查，将存在争议的话题搞得更清楚，更成体系。

在甘肃做学问，可能最大的优势就是有现场。坐在深宅大院里、高楼大厦里，好多问题是解决不了的。光靠读书只能够解决一些知识、信息或者提示性的问题，做玉文化的学问就应该到现场去。本次活动就开了一个好头。要协调各地，解决好专家的考察保障问题，提供条件，提供方便，把当地和玉文化相关的资料、信息、素材开放性地提供给专家们，让他们对当地文化、历史情况有更多的了解。建议多留存一些考察资料，如果可能，做一档玉文化电视栏目，除了传播知识，还可以挖掘其社会意义。社会主义核心价值观第一句话中就有文明和谐，玉文化在某种程度上就契合了文明和谐。

此外，玉文化研究要形成气候，一定要有相对稳定的学术团队，确保研究工作的专业性和连续性。我们省可以考虑成立玉文化研究的专门学术机构，定期举办学术活动，长期坚持下去，使之制度化、常态化。我建议你们把玉文化研究基地放在甘肃。

预祝这次活动圆满成功，谢谢大家。

连　辑
2014 年 5 月

"玉帛之路文化考察活动"组委会

顾　　问：连　辑　郑欣淼　刘　基　田　澍　梁和平

组委会主任：叶舒宪

委　　员：叶舒宪　易　华　吕　献　冯玉雷　刘学堂

　　　　　徐永盛　张振宇　安　琪　孙海芳　赵晓红

　　　　　杨文远　刘　樱　瞿　萍

"玉帛之路文化考察活动"作品集

主　编：冯玉雷

副主编：赵晓红

目　录：

野马泉
玉門關
阿克塞
瓜州
敦煌
嘉峪關
玉門
高臺
蕭南
張掖
山丹
民勤
民樂
武威
祁連縣
門源縣
德令哈
大通縣
永靖
青海湖
西寧
蘭州
臨夏
定西
廣河
臨洮

"玉帛之路文化考察活动"路线图

——————— 计划路线

············· 实际返程路线

1.齐家坪遗址采集铜牌架（邓聪摄）

2.齐家坪遗址出土绿松石片（邓聪摄）

9.磨沟遗址出土金器
（毛瑞林提供）

10.磨沟遗址出土玉凿
（毛瑞林提供）

11.磨沟遗址出土铜器
（毛瑞林提供）

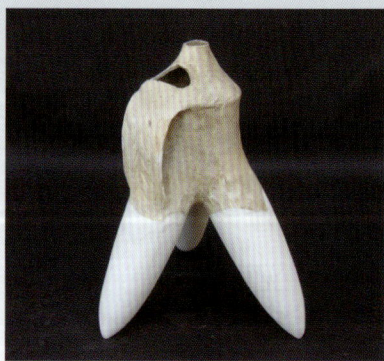

12.磨沟遗址出土陶盉
（毛瑞林提供）

目

录

Contents

概　要

　　本书首先回顾了齐家文化发现研究史，正本清源说明了齐家文化进入了青铜时代，与华夏文明密切相关。然后对齐家与二里头文化进行了系统比较，从冶金考古、植物考古、动物考古、卜骨、玉器和墓葬等方面论证齐家与二里头文化的同质性，发现二里头与齐家文化时空接近，性质又大同小异，提出如下推论：如果二里头文化是夏文化，齐家文化就是早期夏文化；如果二里头文化是商文化，齐家文化也可能是夏文化。通过齐家文化地理研究发现齐家文化分布在三大高原结合部或过渡地带，有山有水有草地，宜农宜牧；正好也是中国的地理中心区，生态多样性为孕育或接受文化多样性提供了条件。齐家文化分布于东亚季风尾闾地带，夏季降雨与融雪重叠容易造成洪水，为传说中的大禹治水提供了依据。《禹贡》大禹治水积石山、合黎山、鸟鼠山、西河、黑水或弱水均位于齐家文化分布区。从文化与交通地理来看，齐家文化分布在中西文化结合部或丝绸之路要冲，正是游牧与农耕的交汇区；既是东亚文化重要的一环,亦是中亚文化的重要组成部分。通过青铜器研究追溯了齐家文化中亚共性,红铜、砷铜或青铜冶炼技术均来源于中亚或西亚。通过玉器研究论述了齐家文化的东亚特性,琮、璧、玉刀、玉戈、璋、圭、璜表明齐家玉器具有承上启下的作用。齐家陶器大体继承了马家窑文化陶器传统,无鼎少鬲,以双耳陶器为特色。陶盉又称鸡彝,被认为是夏文化的标志。齐家文化不仅有二里头风格的款足盉,亦有齐家独特的平底壶形盉,还有特型盉。齐家文化时代洞室墓、男女合葬和火葬开始流行,墓葬形式明显多样化;继承了东亚新石器时代的墓葬传统,又引进了中亚甚至西亚和东欧的墓葬型式,集欧亚墓葬文化之大成。齐家文化墓葬的多样性不仅反映了其人群社会文化的复杂性,亦标志着东亚墓葬的革命性变化。探讨齐家文化洞室墓、火葬和男女合葬墓的来龙去脉及其社会文化意义,发现与历史记述的夏代社会状况若合符节。

大体而言齐家文化继承了东亚定居农业文化传统,也吸收了中亚青铜游牧文化,形成了独特的复合文化,开创了东亚文化与历史新时代。最后,从元昊西夏、赫连勃勃大夏、周代"有夏"追溯了夏崇拜的源流,巩固了齐家文化是华夏文明的论断。夏是新石器时代或传说时代到历史时代的过渡期,也是游牧与农耕文化激烈碰撞与融合时期。西北地区是农业文化与草原文化的接合部,形成了独特多元的齐家文化,与夏代纪年相当,是东西民族与文化交流的结果。齐家文化与羌有关,既是周秦文化之源,也是夏文化。如果真有夏民族,最有可能形成于黄河上游大夏河地区;夏末商初四分五裂,部分演变成了汉族,其他变成了羌、匈奴、党项、鲜卑等民族。夏、大夏、西夏并非前后相继,但藕断丝连数千年,均与夏崇拜有关。

前　言

正本清源说齐家

　　1924年，安特生发现了齐家文化，至今正好九十周年。齐家文化的发现与研究经历了曲折的过程，但尚未有深入而系统的专著出版；其性质和意义也还没有得到清楚认识和充分重视。还有不少专家和民众依然认为齐家文化是新石器或铜石并用时代文化，几乎与华夏文明无关。

曲折的认知历程

　　民国初年瑞典一流地质学家安特生应聘为中国政府矿业顾问，他逐渐将兴趣转移到探索中国史前文化，发现了仰韶、马家窑、半山、齐家坪、辛店、沙井等重要文化遗址，成为中国考古学的奠基者。在甘肃广河县齐家坪发现齐家文化遗址是他一生中最重要的成果之一。由于陶器不如仰韶文化发达，他误以为齐家文化早于仰韶文化。他的研究助手负责整理齐家文化遗物，发现一些陶器例如在兰州收购的那件陶盉有仿造铜器的嫌疑，指出齐家文化不会是早期而是晚期新石器时代文化。不约而同，夏鼐在甘肃重新进行了调查研究，在齐家文化墓葬中发现了仰韶文化陶片。他根据地层证据果断地改订了齐家文化年代："至于齐家文化，不会比西元前二千年早过许多，但是也许是比之晚过许多"。现在看来夏鼐的推论不仅正确，几近准确。

20世纪六七十年代谢端琚等发掘了多处齐家文化重要墓葬遗址，揭示了齐家文化的面貌。其中最重要的是青海乐都柳湾遗址、甘肃武威皇娘娘台遗址、永靖大何庄遗址和秦魏家遗址。80年代张忠培根据上述遗址发掘报告对齐家文化进行分段分期研究后指出齐家文化晚期进入了夏代：畜牧业和制铜业的发展是齐家文化父权制极端重要的基础，由此萌发出来的社会分工包括一个巫师阶层是父权制总的社会关系中重要的组成部分。最近十来年新发现了民和喇家、临潭磨沟遗址，不仅被评为年度全国十大考古发现，亦进入了中华文明探源工程视野。叶茂林等正致力于喇家遗址或齐家文化多学科综合研究。

另一方面国外对齐家文化的研究也在默默进行。90年代法国戴寇琳进行了初步综合研究,出版了《中国西北从新石器时代向青铜时代的过渡：齐家文化及其前后关系》。胡博在《古代中国》发表《齐家与二头里：远距离文化接触问题》，提出了东亚与中亚或西亚青铜时代文化远距离互动的可能性，扩展了古代中国研究的世界视野（cosmopolitan dimension），引起了中外学术界广泛关注。我们可以将上古中国置于青铜时代世界体系中研究，从青铜技术、牛、马、羊、小麦、砖、墓葬、战争、金崇拜与天崇拜等方面可以论证中国和欧洲一样是青铜时代世界体系的边缘组成部分。

齐家文化与中国青铜时代

二里头文化进入了青铜时代已成共识,齐家文化进入了青铜时代亦不难证明,齐家二头里时代东亚进入了青铜时代。老一辈考古学者多半认为齐家文化是新石器晚期文化或铜石并用时代文化,具有国际眼光的新一代考古学家已认定齐家文化是青铜时代文化。剑桥大学出版社剑桥世界考古学丛书中《中国考古学》正式将齐家文化列入青铜时代。《中国考古学·夏商卷》认为齐家文化是夏商时代西北地区重要的青铜时代文化。

彩陶的衰落与青铜的出现标志着齐家文化进入了青铜时代。齐家文化出土铜器遗址至少有15处,总数已超过两百件,器型包括刀、斧、锥、钻、匕首、指环、手镯、铜泡、铜镜等,其中以工具为主,装饰品次之;形制上总体比较简单,也有铜镜、空首斧等造型复杂的器物。出土铜器比较重要的齐家文化遗址有青海贵南尕马台49件,甘肃武威皇娘娘台30件,武威海藏寺12件,积石山县新庄坪12件,永靖秦魏家8件。宗日遗址出土铜器超过10件,其中3件齐家文化铜器实验结果表明含砷量均较高,是中国西北地区迄今所知年代最早的砷铜。青海贵南尕马台墓葬中出土七角星纹铜镜重109克,直径89毫米,厚约3毫米,是铜锡合金制成。

龙山文化中没有发现比二里头更早的铜镜,铜镜显然不是东方文化传统,其源头只能是西北或西方。二里头遗址二期出土的环首青铜刀与甘肃康乐商罐地遗址采集的环首刀相似。青海西宁沈那铜矛横空出世,是塞伊玛-图尔宾诺青铜兵器东进的极好例证。河南省淅川下王岗遗址考古发掘中出土了4件铜矛,与沈那遗址采集铜矛形制一致。铜铃见于陶寺和二里头，共4枚；但青海大通黄家寨遗址齐家文化晚期地层中出土一大四小共五枚铜铃。二里头玉舌铜铃和铜牌、玉刀等同出，很可能是巫或萨满的法器。新疆洋海墓地亦出土萨满法器铜铃，这正是北方游牧民族的文化传统，留传到了当代。

值得特别指出二里头文化标志性绿松石铜牌亦见于齐家文化。天水发现牌饰属于齐家文化，可能源于新疆天山北路文化。新疆哈密地区发现了4件更加原始或简朴的镂空铜牌饰，其中天山北路墓地3件，一件属于第一期，年代大致在公元前2000到1500年之间。宗日遗址中镶嵌绿松石腕饰精细，而陶寺文化中绿松石镶嵌粗糙，由此可见二里头三、四期文化中精美镶嵌绿松石牌饰工艺上可能和齐家文化有关。

二里头文化铜器主要集中在二里头遗址，冶铜业有明显早晚差异，一、二期仅见简单工具和兵器，到第三期才出现了器形比较复杂的青铜容器或礼器。从二里头三、四期开始中原青铜礼器铸造传统固然很有特色，但从冶金技术而言没有任何创新，只是铸造工艺略有改进而已。中原系青铜器传统是"北方系青铜器"技术的继承和发展。北方系青铜器是欧亚草原青铜大传统的组成部分；中原青铜器形成了独特的地方小传统，是北方系青铜器的子传统。相同的冶炼技术、不同的铸造工艺，同源异流的齐家与二里头青铜文化大同而小异。齐家文化与二里头文化青铜器数量和质量相当，表明齐家文化已进入了青铜时代，而且是已知东亚最早的青铜文化。龙山文化晚期或末期遗址中偶有青铜踪迹，但其绝对年代未能早过齐家文化。中国境内比二里头文化更早的青铜时代文化只有齐家文化，相当的有朱开沟文化，亦明显受到了齐家文化的影响。因此二里头文化青铜技术来自齐家文化。

齐家文化晚于仰韶或马家窑文化，早于四坝、卡约、辛店文化，绝对年代约为距今4100—3600年。从考古学角度看，齐家文化是新石器时代到青铜时代的过渡文化，有人称之为铜石并用文化。其实铜石并用时代（Chalcolithic Age）又称红铜时代（Copper Age），是指介于新石器时代和青铜时代之间的过渡时期，以红铜的使用为标志。红铜、砷铜或青铜四千年前左右几乎同时出现在齐家文化中，数以百计的铜器不仅证明齐家文化进入了青铜时代，而且表明中国没有红铜时代或铜石并用时代。东亚没有经历红铜文化时代，齐家文化标志着中国直接进入青铜时代。

齐家文化与华夏文明

齐家文化主要分布于甘肃、青海、宁夏、内蒙古，正好是青藏高原、蒙古高原、黄土高原之间或过渡地带，兼具三大高原的特征，有山有水有草地，宜农宜牧。青海乐都柳湾、民和喇家，甘肃永靖大何庄、秦魏家、临潭磨沟遗址均位于黄河及其支流两岸，沿黄河到宁夏、陕北由青藏高原向黄土高原的过渡地带亦有齐家文化分布。武威皇娘娘台遗址位于青藏高原和蒙古高原之间的河西走廊，鄂尔多斯朱开沟遗址位于蒙古高原与黄土高原过渡地带。齐家文化分布区正好也是中国的地理中心区，生态多样性为孕育或接受文化多样性提供了条件，自然可能成为中国历史文化核心区。

"夏商周断代工程"研究表明二里头文化比原来认可的年代晚了两百多年，表明二里头文化不可能是夏代早期或中期文化。齐家文化作为夏文化的可能性早就有人讨论，但还没有得到考古学家的普遍认可。二里头文化是在龙山文化基础上兴起的青铜时代文化，受到了齐家文化巨大影响，还没有引起学界高度重视。叶舒宪《河西走廊与华夏文明》最后一章论述了齐家文化作华夏文明的可能性。"玉石之路"表明上古从西域到中原特别是从昆仑山到中原存在文化交流与互动。玉器本身的材质与器形研究已经显示玉石之路的存在；但还有许多其他证据可以表明齐家与二里头文化之间关系密切。齐家文化以青海、甘肃、宁夏为中心，分布到了陕西、内蒙古，影响到了河南山西二里头文化核心区；二里头文化以河南山西为中心，也分布到了陕西、内蒙古，亦影响到了甘青齐家文化核心区。从青铜、作物、家畜、玉器、卜骨等方面进行系统比较，发现二里头文化与齐家文化时空接近，性质与内容又大同小异。我们可以得出如下推论：如果二里头文化是夏文化，齐家文化就是夏早期文化；如果二里头文化是商文化，齐家文化也可能是夏文化。

傅斯年《夷夏东西说》根据现存文献大致证明夷在东夏在西，夏是西方大国，代表了中华民国时代华夏文明探索的成果。现在我们可以进一步论证元昊的西夏、赫连勃勃的大夏与大禹父子建立的夏朝有藕断丝连之关系，元昊和赫连勃勃均自认为是夏朝的继承者，追认大禹或轩辕为祖先。三者地区大体重合并非偶然，且正好是齐家文化分布区。历史地理学研究表明西北地区是禹或羌人活动区。大禹出西羌，齐家文化分布区均可听到大禹治水的传说，并有不少相关文物古迹。齐家文化分布核心区临夏积石山应该是大禹传说的坐标原点。

周、秦均兴起于黄河上游，逐鹿中原建立了周王朝和秦帝国，不约而同追认或默认夏为祖先。"中华文明探源工程"开始将注意力转移到边疆地区。最新研究表明齐家文化最可能是夏代早期或中期文化；不久将会证明齐家文化不仅是华夏文明之源，而且标志着中国或东亚进入了青铜时代世界体系。

第一章　从齐家到二里头

　　胡博《齐家与二里头》提出了东亚与中亚或西亚青铜时代文化远距离互动的可能性，扩展了古代中国研究的世界视野。从青铜技术、牛、马、羊、麦、砖、墓葬形式以及金崇拜、天崇拜等方面可以肯定胡博的观点，上古中国像欧洲大部一样是青铜时代世界体系的边缘组成部分。本章从冶金考古、植物考古学、动物考古学、玉器和卜骨等方面论证齐家与二里头文化的同质性。二头里文化与齐家文化时空接近性质又大同小异，可以得出如下推论：如果二里头文化是夏文化，齐家文化就是早期夏文化；如果二里头文化是商文化，齐家文化也可能是夏文化。

一、引言

1995年，胡博在《古代中国》发表《齐家与二里头：远距离文化接触问题》，提出了东亚与中亚或西亚青铜时代文化远距离互动的可能性，扩展了古代中国研究的世界视野(cosmopolitan dimension)；[①]引起了中外学术界广泛关注，中文版作为《古代中国》精选论文第一篇，收入夏含夷主编《远方的时习》。[②]2004年我在《东亚古物》发表《青铜之路：上古西东文化交流概说》，从青铜技术、牛、马、羊四个方面系统肯定了胡博的观点，明确提出将上古中国置于青铜时代世界体系中研究。[③]2012年我又从小麦、砖、墓葬、战争、金崇拜与天崇拜等十个方面宏观论证了中国和欧洲一样是青铜时代世界体系的边缘组成部分。[④]本章再具体讨论齐家文化与二里头文化之关联及其与夏文化之关系，亦是对胡博二十年前提出的"齐家与二里头"关系问题的补充论证。

齐家文化的发现与研究已近一个世纪，但尚未有深入而系统的专著出版。20世纪20年代安特生在甘肃广河县齐家坪发现齐家文化，由于陶器不如仰韶文化发达，他误以为齐家文化早于仰韶文化。[⑤]他的研究助手负责整理齐家坪和罗汉堂遗址文物，发现一些陶器如在兰州收购的那件陶盉有仿造铜器的嫌疑，指出齐家文化不会是早期而是晚期新石器时代文化。⑥不约而同，夏鼐在甘肃重新进行了调查研究，发现了齐家文化墓葬和地层证据，改订了齐家文化年代。⑦六七十年代谢端琚等发掘了多处齐家文化重要墓葬遗址，其中最重要的是青海乐都柳湾遗址、甘肃武威皇娘娘台遗址、永靖大何庄遗址和秦魏家遗址，进一步揭示了齐家文化的面貌。⑧80年代张忠培主要根据上述遗址报告对齐家文化进行分段分期研究后指出齐家文化晚期进入了夏代：畜牧业和制铜业的发展是齐家文化父权制极端重要的基础，由此萌发出来的社会分工包括一个巫师阶层是父权制总的社会关系中重要的组成部分。⑨最近十来年新发现了民和喇家、临潭磨沟遗址，不仅被评为年度全国十大考古发现，亦进入了中华文明探源工程研究者视野。叶茂林等正致力于喇家遗址或齐家文化多学科综合研究。⑩

　　齐家文化主要分布于甘肃、青海、宁夏、内蒙古，正好是青藏高原、蒙古高原、黄土高原之间或过渡地带，兼具三大高原的特征，有山有水有草地，宜农宜牧。黄河经过齐家文化分布区，或者说齐家文化主要分布于黄河上游地区。青海乐都柳湾、民和喇家，甘肃永靖大何庄、秦魏家、临潭磨沟遗址均位于黄河及其支流两岸，沿黄河到宁夏、陕北由青藏高原向黄土高原的过渡地带亦有齐家文化分布。武威皇娘娘台遗址位于青藏高原和蒙古高原之间的河西走廊，鄂尔多斯朱开沟遗址位于蒙古高原与黄土高原过渡地带。齐家文化分布区正好也是中国的地理中心区，生态多样性为孕育或接受文化多样性提供了条件，自然可能成为中国历史文化的核心区。

　　中国考古学家命名考古学文化的主要根据是陶器，二里头文化与齐家文化陶器明显不同。齐家文化作为夏文化的可能性早就有人讨论⑪，但还没有得到考古学界权威的肯定。二里头文化是在龙山文化基础上兴起的青铜时代文化，受到了齐家文化的巨大影响，还没有引起学界的高度重视。近来，叶舒宪倡导"玉石之路"研究，认为上古从西域到中原特别是从昆仑山到中原存在玉石文化交流与互动之路。玉器本身的材质与器形研究已经显示玉石之路的存在；但还有许多其他证据可以表明齐家与二里头文化之间存在密切的交流与互动。齐家文化以青海甘肃宁夏为中心，分布到了陕西内蒙古，影响到了河南山西二里头文化核心区；二里头文化以河南山西为中心，也分布到了陕西内蒙古，亦影响到了甘青齐家文化核心区。本章将从青铜、作物、家畜、玉器、卜骨等方面进行系统比较，发现二里头文化与齐家文化时空接近，性质与内容又大同小异。我们可以得出如下推论：如果二里头文化是夏文化，齐家文化就是夏早期文化；如果二里头文化是商文化，齐家文化也可能是夏文化。

二、中国青铜时代

二里头文化进入了青铜时代已成共识，齐家文化进入了青铜时代亦不难证明，齐家二头里时代东亚进入了青铜时代。老一辈考古学者多半认为齐家文化是新石器晚期文化或铜石并用时代文化，具有国际眼光的新一代考古学家已认定齐家文化是中国青铜时代文化。剑桥世界考古学丛书《中国考古学》正式将齐家文化列入青铜时代。[12]《中国考古学·夏商卷》认为齐家文化是夏商时代西北地区最重要的青铜时代文化。[13]

彩陶的衰落与青铜的出现标志着齐家文化进入了青铜时代。齐家文化出土铜器遗址至少有 15 处，总数早已超过 130 件，器型包括刀、斧、锥、钻、匕首、指环、手镯、铜泡、铜镜等，其中以工具为主，装饰品次之；形制上总体比较简单，也有铜镜、空首斧等造型复杂的器物。[14]出土红铜或青铜器比较重要的齐家文化遗址有青海贵南尕马台 49 件，甘肃武威皇娘娘台 30 件，武威海藏寺 12 件，积石山县新庄坪 12

件，永靖秦魏家 8 件，互助总寨 4 件，广河齐家坪 2 件等，种类包括刀、斧、环、匕和镜等。[15]

宗日遗址出土铜器超过 10 件，在中国早期冶金研究中占有重要地位。出土的 3 件齐家文化铜器实验结果表明含砷量均较高，无疑是砷铜。这批砷铜不仅是在齐家文化铜器中首次发现，而且也是中国西北地区迄今所知年代最早的砷铜，它对中国早期冶金的研究有非常重大的意义。[16]

青海贵南尕马台四十多座墓葬中共出土青铜器 49 件，包括铜镜、镯、环和泡等。七角星纹铜镜重 109 克，直径 89mm，厚约 3mm，是铜锡合金制成。[17]铜泡为锡青铜；而铜镯含砷 7%，是砷铜。[18]二里头遗址亦出土了类似的铜镜和泡。龙山文化中没有发现比二里头更早的铜镜，铜镜显然不是东方文化传统，其源头只能是西北或西方。[19]

二里头遗址二期一座中型墓中出土的环首青铜刀与甘肃康乐商罐地遗址采集的环首刀相似。[20]只是后者刀身弧度更大，没有纹饰，似乎更古老原始。

青海西宁沈那铜矛横空出世，是塞伊玛 - 图尔宾诺青铜兵器东进的极好例证。[21]出土的巨型阔叶带钩铜矛长 61.5 厘米，宽 19.5 厘米，叶中部两面有高 1.5 厘米的脊梁，銎与刃部结合处有一刺钩，属齐家文化。2008 年 12 月河南省淅川下王岗遗址考古发掘中，T2H181 集中出土了 4 件铜矛，均长 37 厘米，宽 12.5 厘米。铜矛圆锋宽叶，箭部带大弯钩，与沈那遗址采集铜矛形制一致。[22]

铜铃见于陶寺和二里头，共四枚；但青海大通黄家寨遗址齐家文化晚期地层中出土一大四小共五枚铜铃。[23]二里头玉舌铜铃和铜牌、玉刀等同出，很可能是巫或萨满的法器。[24]新疆洋海墓地亦出土萨满法器铜铃，这正是北方游牧民族的文化传统，留传到了当代。

值得特别指出的二里头文化标志性的绿松石铜牌亦见于齐家文化。㉕刘学堂、李文瑛提出天水发现的牌饰属于齐家文化，源于新疆天山北路文化；二里头遗址出土铜铃、铜镜等均是西北青铜文化影响的结果。㉖新疆哈密地区发现了四件更加原始或简朴的镂空铜牌饰，其中天山北路墓地 3 件，一件属于第一期，一件属于第四期。㉗天山北路墓地第一期遗存内涵复杂：第一组遗存和河西走廊地区的"过渡类型"内涵相似，年代和齐家文化大致同时；第二组是风格特殊的贯耳彩陶罐，和古墓沟及小河墓地发现的草编篓类似；第三组则是典型的四坝文化陶器。㉘天山北路墓地一期遗存牌饰的年代大致在公元前 2000 年到 1500 年之间。另一件见于腐殖酸厂墓地，其最早的彩陶双耳罐年代与天山北路墓地第一、二段遗存相当。㉙哈密地区所见的牌饰可能是祖型，其余牌饰可分为两类风格：甲类以四川盆地发现的牌饰为代表，几何化图案表明与哈密地区的牌饰联系更为紧密；乙类以二里头遗址以及甘肃天水发现的牌饰为代表，几何化纹饰逐渐演变为兽纹。㉚宗日齐家文化遗址中镶嵌绿松石腕饰精细，而陶寺文化中绿松石镶嵌粗糙，由此可见二里头三、四期文化中精美镶嵌绿松石牌饰工艺上可能和齐家文化有关。㉛

二里头文化铜器主要集中在二里头遗址。夏县东下冯、驻马店杨庄、登封王城岗、洛阳东干沟、荥阳西史村等地只有零星发现。二里头遗址的冶铜业有明显早晚差异，早期仅见简单工具和兵器，到第三期才出现了器形比较复杂的青铜容器或礼器。相对于商周青铜器或中原青铜器，林沄提出过"北方系青铜器"概念；㉜空间上可延伸到欧亚大草原，时间上可以扩展到夏代。㉝先有"北方系青铜器"，后有中原系青铜器。所谓"北方系青铜器"，可以包括齐家文化青铜器，与欧亚草原青铜器传统一脉相承，实际上就是外来青铜传统。㉞所谓中原青铜器或商周青铜器，主要是青铜容器或礼器。从二里头三、四期开始的中原青铜礼器铸造传统固然很有特色，但从冶金技术而言没有任何创新，只是铸造工艺略有改进而已。两者不是并立的，中原系青铜器传统是"北方系青铜器"技术的继承和发展。齐家有铜矛而二里头有铜鼎，青铜文化似乎迥然不同。其实，青铜容器或礼器仅见于二里头遗址三、四期。二里头遗址一、二期和其他二里头文化遗址或文化层与齐家文化非常类似，只出土了少量青铜工具、兵器和装饰品。王朝建立或战胜之后偃旗息鼓、马放南山、铸剑为犁，是常有的事。秦始皇统一六国之后，销天下兵器铸十二金人。楚幽王时期大败秦军之后，用缴获的兵器铸造了"熊悍"青铜鼎。从铜矛到铜鼎是驯化青铜，从而迈向重器时代。㊟

北方系青铜是欧亚草原青铜大传统的组成部分；中原青铜器形成了独特的地方小传统，是北方系青铜器的子传统。相同的冶炼技术，不同的铸造工艺，同源异流的齐家与二里头青铜文化大同而小异。齐家文化与二里头文化青铜器数量和质量相当，表明齐家文化已进入了青铜时代，而且是已知东亚最早的青铜文化。龙山文化晚期或末期遗址中偶有青铜踪迹，但其绝对年代未能早过齐家文化。中国境内比二里头文化更早的青铜时代文化只有齐家文化，相当的有朱开沟文化，亦明显受到了齐家文化的影响。因此二里头文化青铜技术来自齐家文化。

齐家文化晚于仰韶或马家窑文化，早于四坝、卡约、辛店文化，绝对年代距今约为4100—3600。从考古学角度看，齐家文化是新石器时代到青铜时代的过渡文化，有人称之为铜石并用文化。其实铜石并用时代(Chalcolithic Age)又称红铜时代(Copper Age)，是指介于新石器时代和青铜时代之间的过渡时期，以红铜的使用为标志。西亚在公元前六千年后期进入红铜时代，历经两千余年才进入青铜时代。红铜、砷铜或青铜四千年前左右几乎同时出现在齐家文化中，数以百计的铜器不仅证明齐家文化进入了青铜时代，而且表明中国没有红铜时代或铜石并用时代。中国或东亚没有经历红铜文化时代，而是直接进入青铜时代。

三、五谷丰登

种植业是古代社会的经济基础，多种作物亦是社会持续稳定发展的关键。红山文化、良渚文化曾经盛极一时，由于种植作物单一，不约而同先后崩溃。进入青铜时代或者说从夏代开始，中国走上了持续发展的道路。其中最根本原因之一是农作物品种的多样化：水稻和粟黍结合，旱涝保收；豆科作物不仅恢复土壤肥力，而且可以提供脂肪和蛋白质；麦类作物的引进更是锦上添花。齐家与二里头文化均进入了五谷丰登的时代，不仅种植传统农作物粟、黍，亦分别引进了水稻和小麦，大豆亦逐渐成为主要农作物之一。

甘肃临潭齐家文化陈旗磨沟遗址由于其独特的埋葬制度及丰富的器物类型而被评为 2008 年中国十大考古发现之一。从墓葬 M187 和 M194 中获得了两个成人个体的 3 颗牙齿，牙结石淀粉粒研究结果表明当时人类植物性食物具有多样化特征：小麦属小麦(Triticum aestivum)、大麦属大麦(Hordeum vulgare)和青稞(Hordeum vulgare var.nudum)等中的一种或者多种、狗尾草属粟(Setaria italica)、荞麦属荞麦(Fagopyrum esculentum)、豆类及坚果类等植物的淀粉粒，其中麦类植物、荞麦和粟的淀粉粒数量占到了淀粉粒总量的 70%，坚果类、豆类植物也是当时人类的主要食物来源。[⑯]其实早在齐家文化之前马家窑文化时代，天水地区已五谷齐全。通过花粉、农作物种子和植硅石等农业活动生物指标记录研究，结合高精度 AMS14C 测年，重建了甘肃西山坪遗址马家窑文化层农作物类型和农业栽培状况。西山坪遗址距今 4650—4300 年期间种植有粟、黍、水稻、小麦、燕麦、青稞、大豆和荞麦 8 种粮食作物，囊括了东亚、西亚两个农业起源中心的主要作物类型。不仅证实小麦和燕麦早在 4300 年前已传播到中国西北地区，也揭示了中国最早的农业多样化出现在新石器时代的甘肃天水地区。③⑦西山坪遗址与师赵村遗址一样，大体可以分为七期，第五、六期是马家窑文化层，第七期是典型的齐家文化层。

二里头遗址及附近的皂角树遗址亦五谷齐全。③⑧有意思的是二里头遗址还采集到一件二期陶尊，腹部刻画一穗水稻；三期出土一陶尊，刻画有麦穗图案。③⑨似乎表明两类陶尊分别装盛谷酒和麦酒。

二里头和齐家文化均种植水稻、粟、黍和豆科植物，难分先后；但种植小麦应该是齐家早于二里头。六倍体小麦（Triticum aestivum）即普通小麦已成为全球不可或缺的粮食作物，在欧亚大陆早期文明或国家产生过程中起过重要作用，是史前全球化的标志性作物。中外学者已基本达成共识：小麦起源于西亚，后传入欧洲和东亚，并取代小米成为旱作农业的主体作物。甘肃张掖黑水国南城北遗址出土马厂文化碳化小麦，可佐证东灰山小麦年代和遗址堆积成因判读可信，河西走廊是小麦传入中国的关键地区。④⓪小麦在中国传播和普及经历了一个漫长的过程，大体上先是由西向东，后由北朝南展开。公元前第三个千年，西亚驯化的大麦和小麦到达中国，而中国驯化的黍和荞麦西传到了欧洲。④①公元前三千纪也是一个激动人心的时代，一个更早的类似于"哥伦布交换"的主食全球化过程在旧大陆展开。④②

四、六畜齐全

猪、狗是中国新石器时代两大家畜，齐家文化与二里头文化均喂猪养狗，不证自明。牛、羊、马是三大外来家畜，其出现次第有待仔细辨明。齐家与二里头文化六畜齐全，但齐家文化遗址出土的绵羊骨、黄牛骨、马骨比二里头文化要早且多，可证羊、牛、马均自西北传入中原。

　　对扎格罗斯山脉南端的甘兹•达列赫和阿里•库什出土的山羊骨骼进行了重新研究，进一步确证西亚大约在一万年前已经放养山羊了。[43]东亚养羊与西亚相比大约晚了五千年。羊在东亚新石器时代混合农业经济中所占比重不大，几乎可以忽略不计，青铜时代遗址中出土的山羊和绵羊骨骼才是确凿无疑的家羊。[44]进入青铜时代后，从新疆到中原羊的数量明显增多，在齐家文化和二里头遗址中均有完整的羊骨骼出土。

　　山羊和绵羊是不同的物种，在驯化的初期就表现出明显的多样性。根据母系线粒体基因（mtDNA），山羊可分为四系，A系很可能源于西亚，B系源于巴基斯坦；A、B两系占主流；C、D两系罕见。[45]线粒体基因D环（mtDNA D-loop)研究表明中国山羊亦可分为四系，A系占主流，B系次之，C、D两系仅见于西藏。[46] mtDNA 研究发现西亚绵羊可分为三个亚种，这三个亚种的绵羊在中国均有分布。[47]青铜时代中国境内的绵羊A系占绝对优势，亦有少量B系。[48]西宁大通县长宁乡长宁村齐家文化遗址与二里头遗址出土绵羊均属于A系。[49]

　　羊在青铜时代人们经济生活和精神生活中的地位明显增高。西北羌人以养羊为业，齐家文化重要遗址均有羊骨出土，且愈晚愈多。齐家文化养羊是普遍的，受齐家文化影响的朱开沟文化养羊亦蔚然成风。朱开沟遗址中出土了大量绵羊骨骼遗存，占全部兽骨的 40.6%。[50]

　　夏商之际中原养羊并未普及。二里头遗址七个地层中均出土了羊骨遗存，二至四期文化层占有较高的比例，但并不能就此认为二里头文化时期居民养羊业发达。二里岗下层时期，二里头遗址沦为一般性聚落后，羊骨遗存所占的比例明显下降。[51]二里头遗址附近同时代的洛阳皂角树遗址中没有出土任何羊骨遗存。

　　牙釉质锶同位素比值测定结果表明二里头遗址羊只有部分是本地生长，还有部分来自他处。第二期出土的 5 只羊中有 2 只锶同位素比值高于遗址当地比值范围，其他 3 只则低于比值范围， 5 只羊都不是本地所产，至少来自两个不同地区。第三期出土的 3 只羊中有 2 只锶同位素比值在当地比值范围内，说明第三期开始有可能本地养羊。第四期出土的 6 只羊只有 1 只低于当地的锶同位素比值范围，说明绝大多数羊是本地饲养。[52]

水牛可能起源于南亚，而黄牛很可能来自西亚。从河姆渡到兴隆沟，东亚新石器时代遗址中出土的牛骨多为水牛骨骼，不止一种，均为野生。[53]到了青铜时代，黄牛才在东亚大量出现，黄牛与山羊一样经历了大致相同的驯化和传播过程。mtDNA 研究表明东亚黄牛与欧洲、非洲黄牛非常接近，但与印度黄牛差别较大。[54]中国黄牛包括上述两个亚种，南部以印度黄牛为主，包括 T1 和 T2，西北部类似于蒙古黄牛，包括 T2、T3、T4。[55]

中国家养黄牛可以追溯到新石器时代末期或青铜时代早期。甘肃永靖大何庄、秦魏家墓地，河南淮阳平粮台、新密古城寨、禹州瓦店、柘城山台寺肯定有黄牛；陕西临潼姜寨和甘肃武山傅家门出土牛骨，可能有黄牛。[56]

二里头遗址中出土了比较丰富的牛骨遗存，经鉴定均属于黄牛。一期牛骨较少，仅出土 1 件腕骨。二期出土牛骨数量陡增，而到了四期黄牛骨占全部可鉴定哺乳动物总数的 25.43%，仅次于猪骨遗存。皂角树遗址黄牛骨骼遗存亦占 25.5%，由此可见二里头文化时期的中原地区黄牛已经非常普及，黄牛饲养业发达。[57]

二里头文化第二期出土的 2 头黄牛中有 1 头黄牛锶同位素比值高于当地比值，第三期出土的 2 头黄牛锶同位素比值均在当地比值范围内，第四期 3 头黄牛牙釉质样品中又有 1 头比值高于当地比值，说明二里头遗址出土的黄牛大多数是本地饲养的，少部分来自他处。[58]

家马(Equus caballus)的野生祖先主要分布于欧亚草原的西端。乌克兰和哈萨克草原新石器和青铜时代文化遗址中大量马骨的出土显示了从野马到家马的驯化过程。哈萨克草原北部波台出土动物骨骼三十余万块，绝大多数是马骨，这些马主要是用于食用、祭祀(随葬)和骑乘，至少部分是家马。[59]在东亚数百处经科学发掘的遗址中从未发现马的骨架，只有零星的马齿或马骨出土，不能确定为家马。确凿无疑的家马和马车见于商代。此后三千余年的历史证明中原并不适合于养马。有多处齐家文化遗址如甘肃永靖秦魏家和武威皇娘娘台、青海大通县陶家寨报告中提到马骨，但因数量不多没有进行动物考古学研究和基因测验。二里头文化遗址只有豫南地区驻马店杨庄二里头文化层出土过马肢骨。[60]新疆出土了青铜时代马骨，火烧沟遗址发现有用于祭祀的马骨，表明河西走廊是马传入中原的通道。齐家二里头文化时代养马的可能性不能排除，还有待进一步证实。

五、贫富分化与男尊女卑

新石器时代晚期社会已出现明显贫富分化，但明显的男尊女卑始见于青铜时代齐家文化。历史记载表明夏商周三代进入了父系社会或男权社会。考古学研究表明新石器时代男女大体平等，齐家文化男女合葬墓生动地展示了男尊女卑的状况，表明齐家文化已进入了男权社会。[61]

土坑墓是东亚文化旧传统，洞室墓、火葬墓是齐家文化新风尚。齐家文化时代东亚墓葬制度开始发生革命性的变化，结束了东亚墓葬相对单纯的时代。柳湾齐家文化墓葬中洞室墓占墓葬总数的 13%，与半山类型洞室墓一脉相承，基本都是凸字形洞室墓，洞口以木棍或木板封堵，常见木棺，人骨绝大多数为仰身直肢葬。柳湾 972 号墓是大墓，有墓道和墓室，通长 4.2 米，随葬品较多，其中陶器 26 件，绿松石 6 颗，串珠 1 串。磨沟齐家文化墓地的墓葬形制可分竖穴土坑和洞室墓两大类，其中洞室墓 243 座，约占墓葬总数的 70%；竖穴土坑墓 103 座，仅占 30% 左右。洞室墓又以单室居多，双室的数量相对较少，还有少量为多室墓。⑩齐家文化墓葬形式多样，贫富分化明显。例如，皇娘娘台墓葬的随葬器物，陶器少者一两件，多者达 37 件；玉石璧少的没有，多者达 83 件。⑬

齐家文化男女合葬墓表明男尊女卑的父系社会正在形成：女性开始卑躬屈膝，男性拥有娶妾或多妻的权利。甘肃武威皇娘娘台墓地共发掘 88 座墓，其中 1 男 2 女合葬墓 3 座，男性仰卧居中，女性侧身俯贴于男性，下肢后屈，面皆向男性；成年男女合葬墓 10 座，男性仰卧直肢居左，女性侧身屈肢居右，面向男性。⑭永靖秦魏家发掘 138 座墓，其中成人男女合墓葬 16 座，男性仰卧直肢居右，女性侧身屈肢居左，面向男性。⑮经科学发掘显示均为一次葬，不仅体现了男尊女卑，而且表明妻妾陪葬已成风气。青海喇家遗址发现一座齐家文化高规格墓葬：长方形土坑葬，有木棺，随葬玉环、玉璧等礼器，墓口呈回字形。经初步鉴定，墓主人可能为男性，是军事或宗教首领。墓葬附近 100 平方米的土台上有大量人类活动的硬面和祭祀痕迹，可能是祭台。临潭陈旗磨沟遗址还发现了一座齐家文化坟墓，高约半米，底部直径约 2.5 米，黄土堆成。这可能是东亚最早的坟墓，也就是中亚常见的坟丘墓(Kurgan)。

历史记载表明中国父死子继的世袭社会是从夏代开始的，夏王朝是男权社会。夏王过着一夫多妻或一夫一妻多妾生活。二里头文化墓葬相对而言要单纯一些，大型墓葬只发现了一座，尸骨无存，有些可疑。几十座中型墓与数百座小型墓表明二里头时期贫富分化已明显。实际上我们还没有发现夏王的墓葬，二里头墓葬中也没有发现男女合葬墓，难以清楚显示出男尊女卑。单从墓葬来看，齐家文化更像夏代文化。

六、卜骨决策

占卜是一种决策方式。中国的占卜方式亦因地因时而异⑥，但齐家文化和二里头文化主人均使用相同的骨卜来决策，表明他们有类似的宗教信仰和政治文化。齐家文化重要遗址均有卜骨发现，骨卜亦是二里头文化的重要内容；骨卜体现了精神文化或意识形态，是齐家与二里头文化同质性的重要表征。考古证据表明最早鹿肩胛骨占卜见于内蒙古富河沟门遗址，最早的牛骨占卜见于甘肃傅家门遗址马家窑文化层。⑥牛、羊、猪骨卜常见于齐家文化遗址，骨卜文化源于西北方，龙山文化晚期普及到了黄河中下游。

李济早就指出："我现在想举出若干不可争辩地在中国本土以内发明及发展的……第一件，我想举出的是卜骨。卜骨的习惯，在与殷商同时或比殷商更早的文化，如美索不达米亚、埃及，以及较晚的希腊、罗马，都是绝对没有的。"⑧盛行于殷商时代的卜骨习俗齐家文化时代就开始流行，二里头文化时代是过渡阶段；可以追溯到更早的马家窑文化或赵宝沟文化，在西南和北方某些民族中一直留传到当代。

几乎所有重要齐家文化遗址或齐家文化层均有卜骨出土。武威皇娘娘台遗址前三次共发现39件卜骨，其中30件羊骨，9件猪骨，有明显的灼痕，有些具有轻微的刮削或修治痕迹。这个遗址第四次发掘中又出土了13件卜骨，其中9件羊骨，4件猪骨；都未加整治，有灼无钻凿痕迹。⑥永靖大何庄遗址出土14件卜骨，均为羊骨，也无钻凿的痕迹，但有灼痕；T45:2长20厘米，灼痕多达24处。在"石圆圈"遗迹旁边还发现3块备用的卜骨。⑦

二里头遗址出土了大量类似的卜骨，不仅有羊、牛和猪骨，而且有鹿骨。在陕县七里铺、渑池郑窑、渑池鹿寺、巩义稍柴、淅川下王岗、偃师灰嘴、荥阳西史村等遗址均发现二里头文化的卜骨。到了二里头文化四期发现了灼、钻兼施的肩胛骨。这种有灼、有钻、无凿的卜骨在山西夏县东下冯遗址三期到六期的地层中亦有发现，灼、钻兼施的卜骨均为牛的肩胛骨。豫东杞县段岗遗址相当于二里头文化的地层中也发现有灼、钻兼施的卜骨，为羊的肩胛骨。另外，内蒙古朱开沟遗址相当于二里头文化时期的地层中也出土了较多灼、钻兼施的卜骨，这种类型的卜骨为猪、牛、鹿的肩胛骨。[⑦]二里头文化晚期骨卜方式略有改进，或者说稍微复杂了些。相比之下，齐家文化骨卜更单纯更原始。

七、礼器与乐器

陶盉和玉刀、石磬是齐家与二里头文化共同的礼乐器，表明有大体相同的礼乐制度。齐家二里头文化在吸收西方金文化的同时，没有放弃东方玉文化传统。齐家文化出土玉器众多，璧多琮少玉刀大。璧多琮少可能是天尊地卑或男尊女卑的反映。考古研究表明夏商周时期玉琮趋于衰落，重璧轻琮是一种普遍现象。良渚时代土地崇拜隆重，琮是最重要的礼器。截至 2005 年，二里头文化 15 个遗址中共发现 118 件玉器，其中二里头遗址发现 93 件，其余 14 个遗址总共才发现了 25 件。[⑫]二里头文化中琮几乎完全消失，出现了崇拜男性祖先的"柄形器"。玉柄形器可能是由石祖或陶祖演化而来，是男根崇拜的体现。

齐家文化的多孔玉刀已经发现几件，与二里头文化多孔玉刀类似。2002 年喇家遗址出土的一件三孔大玉刀，复原长达 66 厘米，是目前正式发掘出土最大的玉刀，可能是礼器中的"王者之器"。[⑬]甘肃省古浪县峡口出土四孔玉刀亦长达 65.5 厘米，现藏于甘肃省博物馆。[⑭]二里头遗址出土的最大玉器也是多孔玉刀。1972 年二里头遗址第四期出土的玉刀长达 65 厘米，有扉齿和规整的几何花纹。二里头玉刀更加精致，但晚于齐家文化玉刀。1976 年临夏州文物普查小组在齐家文化分布区新庄坪征收到一件二里头文化标志性玉璋，长边 18 厘米，短边 16 厘米，刃宽 6.1 厘米，首部有大小两个单面钻圆孔，现藏于临夏州博物馆。[75]此外，齐家和二里头文化都流行绿松石装饰品也不会是偶然的巧合。

中国考古学家主要是根据陶器来定义和分类考古学文化，齐家文化与二里头文化似乎绝然不同。仔细考察，在齐家文化遗址中亦可发现二里头类似的陶器。例如齐家文化代表性遗址秦魏家就出土了鬲和甗，鬲还可分为三式[76]；皇娘娘台遗址采集到了斝。[77]二里头文化标志性的陶盉亦见于齐家文化分布区。甘肃广河盉与二里头文化二期盉皆管状流，瘦长空袋足，宽带状鋬，鋬与腹之间有短柱相连。[78]有人认为齐家文化中的红陶罐形盉是受二里头文化影响下产生的地方形式。[79]此外，河南伊川南寨二里头文化和甘肃庄浪刘堡坪出土齐家文化陶盉惊人相似。[80]胡博注意到二里头陶盉具有铜器的特征，如管流、薄片式手把、连接处有模仿铆钉痕迹；还有河南淅川下王岗遗址出土的灰陶盉，与安特生在兰州收购的齐家文化盉如出一辙。三者的绝对年代还难以确定，模仿的铜器原型也还没有发现，是齐家文化影响中原地区还是二里头文化影响甘青地区还难以下结论。[81]这种陶器模仿青铜器或青铜器模仿陶器称之为仿制或模拟（skeuomorph）。此类陶盉如此稀罕，因为它们不是日常生活用具而是重要礼器。可以肯定平底或款足陶盉是二里头与齐家文化共同礼器或文化特征。

齐家文化区发现了"黄河磬王"，二里头遗址亦有石磬出土，磬亦是齐家和二里头文化共同礼乐器。

八、讨论与结语

东亚没有红铜时代或铜石并用时代，齐家文化和二里头文化均是青铜时代文化。目前发现的齐家文化是"民间文化",二里头遗址是"宫廷遗址"。齐家文化都城遗址还没有发现,石峁古城位于齐家文化分布区的东北边缘,受到了齐家文化的明显影响,有可能是夏代首都。

如果二里头文化是夏文化,齐家文化就是夏早期或民间文化。周人和秦人均兴起于西北即夏人故地齐家文化分布区,逐鹿中原,周王朝和秦帝国均没有在起源地留下都城遗址。

已知齐家文化与二里头文化大同小异且齐家文化略早于二里头文化:如果二里头文化是夏晚期文化,齐家文化很可能是夏早期文化。自然环境的多样性和文化资源的丰富性使齐家文化成了中国生态文化的早期代表。青铜之路或丝绸之路穿过齐家文化分布区,齐家文化是东西文化交流与混合的见证。齐家文化是东亚文化旧传统与中亚文化新风尚结合的产物,是一种混合文化和过渡文化,展示了丰富的文化多样性。齐家文化是夏代文化,开启了二里头、殷墟文化传统,奠定了中国文化的基调。

从地理上看,黄河上游与中游之间并无障碍或天堑,齐家文化与二里头文化主人可以在陕西一带密切交流和互动。二里头文化是龙山文化基础上吸收齐家文化形成的新文化。龙山文化是公认的新石器时代晚期定居农业文化,与夷有关;二里头文化直接继承了其农作物、陶器、玉器传统。齐家文化是早期青铜时代农牧结合文化,与夏有关:其青铜与畜牧文化直接影响了二里头文化的发展。如果二里头文化是夏文化,与二里头文化时空接近文化性质又大同小异的齐家文化也很有可能是夏文化。

二里头遗址紧邻偃师商城遗址,文化内容亦大体相同,二里头遗址亦可能是商代早期都城。如果二里头文化不是夏文化,齐家文化亦最有可能是夏文化。可以从时间、空间和文化内容三方面来证明。齐家文化的碳十四数据恰好与夏代纪年相当。永靖大何庄 F7:2 ZK-0015 测定年代 3675±95，校正年代公元前 2114-1777；乐都柳湾 M392 ZK-0347 测定年代 3570±140，校正年代公元前 1970-1630。[82]

空间上，我们可以根据历史记载来追溯。西夏一般指与宋辽金鼎足而立元昊建立的夏国，自称夏或大夏。大夏一般指晋末称雄一时赫连勃勃建立的夏国，也称大夏。夏一般指商之前启建立的中国第一个王朝夏朝，也称大夏或西夏。史金波注意到了华夏、西夏、宁夏的关联；[83]克恰诺夫将西夏党项族源追溯到了齐家文化。[84]夏、大夏、西夏并非前后相继，但藕断丝连数千年，均与夏崇拜有关。元昊夏国、赫连勃勃夏国与齐家文化分布区地域大体重合，绝非偶然。

夏可能与大夏河有关。汉代以前夏人主要活跃于黄河流域。其实夏河或大夏河是黄河的支流，亦可泛指黄河。《方言》第一："自关而西，秦晋之间，凡物之壮大者而爱伟之，谓之夏。"夏意为大，夏河即大河，大夏河是同义反复。《史记·秦始皇本纪》云："禹凿龙门，通大夏，决河亭水，放之海。"夏河或大夏河发源于青海同仁，流经甘肃夏河、临夏，于刘家峡入黄河。大禹治好了泛滥的夏河，华夏之"夏"可能来源于夏河。《尚书·禹贡》明言黄河中下游以及淮河流域和长江下游四州为夷人所居：冀州岛夷，青州嵎夷、莱夷，徐州淮夷，扬州鸟夷。如果有夏，最可能生活于黄河上游地区。《尚书·禹贡》："黑水西河惟雍州……厥贡惟球琳琅玕，浮于积石，至于龙门西河，会于渭汭。织皮、昆仑、析支、渠搜，西戎即叙。"夏与西戎或羌之关系难解难分。大夏河流经甘南和临夏，哺育了羌或党项民族。

大禹治水传说与积石山有关，临夏有积石山，位于齐家文化分布区。《尚书·禹贡》云："导河积石，至于龙门，南至于华阴，东至于底柱。"《水经·河水注》引《晋书地道记》云大夏县"有禹庙，禹所出也"，汉唐大夏县在今甘肃临夏东南。临夏东南"西羌故地"曾置"大夏县"，"大夏城"遗址在广河县城西南十里左右台地上，当地人叫"夏古城"。

夏兴起于西北，与齐家文化有关。西北彩陶的衰落与青铜的兴起表明青铜时代游牧文化占了上风。齐家文化二联璜、三联璜、四联璜、五联璜出土众多，不禁让人想起"夏后氏之璜"。目前中国最早的较完整羊骨架见于甘肃永靖大何庄齐家文化遗址，其次是二里头。绵羊，又称夏羊。《尔雅·释畜》："夏羊，牡羭，牝羖。"《本草纲目·兽·羊》："生秦晋者为夏羊，头小身大而毛长，土人二岁而剪其毛，以为毡物，谓之绵羊。"

夏有三义：夏王朝、夏民族、夏文化，均与西北中国密切相关。司马迁早就指出："夫做事者必于东南，收其功实者常在西北。"傅斯年《夷夏东西说》论证夏与西方有关，但西到何处没有明言。玉振金声二里头，扑朔迷离夏王朝。夏代之有无仍在激烈争论之中，未有定论。①我们假定商朝之前有一个夏王朝或 X 朝，其准确年代和具体世系不清楚，其民族和文化亦是正在探索的对象。夏王朝、夏民族、夏文化可连环论证：夏民族很可能兴起于西北，入主中原建立夏王朝，其先进文化大体来自中亚或西亚；西北是上古中国改革开放的前沿阵地。

西北地区处在黄河农业文化与西北草原文化的接合部，形成了独特多元的齐家文化。如果真有夏朝，夏是新石器时代或传说时代到历史时代的过渡期，也是游牧与农耕文化激烈碰撞与融合时期。从时空内容均可证齐家文化与夏文化相当。总之，齐家文化与羌有关，不仅是周秦文化之源，而且很可能就是夏文化。

注释:

①L. G. Fitzgerald-Huber: Qijia and Erlitou: The Question of Contacts with Distant Cultures, *Early China*, 20, 1995, pp. 17-67.

②李永迪译：《齐家与二里头：远距离文化互动的讨论》，夏含夷主编：《远方的时习》，上海古籍出版社，2008年，第3—54页。

③易华：《青铜之路：上古西东文化交流概说》，《东亚古物》A卷，文物出版社，2004年。

④易华：《青铜时代世界体系中的中国》，《全球史评论》第五辑，中国社会科学出版社，2012年。

⑤ J. G. Andersson: Researches into the Prehistory of the Chinese, *BMFEA*, No. 15, 1943.

⑥ M. Bylin-Althin: The Sites of Chi Chia Ping and Lo Han Tang in Kansu, *BMFEA*, No. 18, 1946.

⑦夏鼐：《齐家期墓葬的新发现及其年代的改订》，《中国考古学报》第二册，1947年。

⑧谢端琚：《略论齐家文化墓葬》，《考古》1986年第2期。

⑨张忠培：《齐家文化研究》（上下），《考古学报》1987年第1—2期。

⑩叶茂林：《青藏高原东麓黄河上游与长江上游的文化交流圈——兼论黄河上游喇家遗址的考古发现及重要学术意义和影响》，《中华文化论坛》2005年第4期。

⑪叶舒宪：《河西走廊：西部神话与华夏源流》，云南教育出版社，2008年，第138—165页。

⑫ Li Liu and Xingcan Chen: *The Archaeology of China*, Cambridge University Press, 2012, pp. 322-332.

⑬中国社会科学院考古研究所编著：《中国考古学·夏商卷》，中国社会科学出版社，2003年，第535—558页。

⑭王振：《从齐家文化铜器分析看中国早期铜器的起源与发展》，吉林大学硕士论文，2006年。

⑮李水城：《西北与中原早期冶铜业的区域特征及交互作用》，《考古学报》2005年第3期。

⑯徐建炜等:《青海同德宗日遗址出土铜器的初步科学分析》,《西域研究》2010年第2期。

⑰李虎侯:《齐家文化铜镜的非破坏性鉴定》,《考古》1980年第4期。

⑱徐建炜等:《青铜贵南尕马台墓地出土铜器的初步科学分析》,《文物科技研究》第七辑,科学出版社,2010年。

⑲刘学堂、李文瑛:《中国早期青铜文化的起源及其相关问题新探》,《藏学学刊》第3辑,四川大学出版社,2007年。

⑳李水城:《西北与中原早期冶铜业的区域特征及交互作用》,《考古学报》2005年第3期。

㉑Jianjun Mei: Qijia and Seima-Turbino: The Question of Early Contacts between Northwest China and the Eurasian Steppe, *BMFEA* No. 75, 2003.

㉒高江涛:《河南淅川下王岗遗址出土铜矛观摩座谈会纪要》,《中国文物报》2009年3月6日。

㉓青海省文物考古研究所、吉林大学考古学系:《青海大通县黄家寨墓地发掘报告》,《考古》1994年第3期。

㉔叶舒宪: 《中华文明探源的人类学视角——以二里头与三星堆铜铃铜牌的民族志解读为例》,《文艺研究》2009年第7期。

㉕张天恩: 《天水出土的兽面铜牌饰及有关问题》,《中原文物》2002年第1期,第43—46页。

㉖刘学堂、李文瑛:《中国早期青铜文化的起源及其相关问题新探》,《藏学学刊》第3辑,四川大学出版社,2007年。

㉗吕恩国、常喜恩、王炳华:《新疆青铜时代考古文化浅识》,《苏秉琦与当代中国考古学》,科学出版社,2001年;北京科技大学冶金与材料史研究所等:《新疆哈密天山北路墓地出土青铜器的初步研究》,《文物》200г年第6期。

㉘李水城:《天山北路墓地一期遗存分析》,《俞伟超先生纪念文集·学术卷》,文物出版社,2009年。

㉙张承安、常喜恩：《哈密腐殖酸厂墓地调查》，《新疆文物》1998 年第 1 期。

㉚陈小三：《试论镶嵌绿松石牌饰的来源》，附录于 《河西走廊及其邻近地区早期青铜时代遗存研究——以齐家、四坝文化为中心》，吉林大学博士论文，2012 年。

㉛杨美莉：《中国二里头文化の象嵌トルコ石铜牌》，《MIHO MUSEUM 研究纪要》3 号，2002 年。

㉜林沄：《商文化青铜器与北方地区青铜器关系之再研究》，苏秉琦主编《考古学文化论集》（一），文物出版社，1987 年。

㉝林沄：《早期北方系青铜器的几个年代问题》，《内蒙古文物考古文集》，大百科全书出版社，1994 年。

㉞梅建军为试图区分 "北方系青铜器" 和 "欧亚草原冶金传统" 而疑惑：《北方系青铜器—— 一个术语的"诞生"和"成长"》，《法国汉学》第十一辑，2006 年。

㉟黄铭崇：《迈向重器时代——铸铜技术的输入与中国青铜技术的形成》，待刊稿。

㊱李明启：《甘肃临潭陈旗磨沟遗址人牙结石中淀粉粒反映的古人类植物性食物》，《中国科学·地球科学》2010 年第 4 期。

㊲李小强等：《甘肃西山坪遗址生物指标记录的中国最早的农业多样化》，《中国科学·地球科学》2007 年第 7 期。

㊳叶万松等：《皂角树遗址环境与古文化初步研究》，《环境考古研究》第二辑，科学出版社，2000 年。

㊴中国社会科学院考古研究所：《中国考古学·夏商卷》，中国社会科学出版社，2003 年，第 107 页。

㊵李水城：《小麦东传的新证据》，《鄂尔多斯青铜器与早期东西文化交流国际学术研讨会论文集》(2010)，出版中。

㊶刘歆益：《中国植物考古学和稳定同位素分析视野》，《鄂尔多斯青铜器与早期东西文化交流国际学术研讨会论文集》(2010)，出版中。

㊷马丁·琼斯：《主食为何要迁移？》，《鄂尔多斯青铜器与早期东西文化交流国际学术研讨会论文集》(2010)，出版中。

㊸Zeder M.A. et al: The Initial Domestication of Goats (Capra hircus) in the Zagros Mountains 10,000 Years Ago, *Science*, Vol.287, 2254-2257, 2000.

㊹袁靖：《中国新石器时代家畜起源的问题》,《文物》2001 年第 3 期。

㊺Luikart J. et al: Multiple maternal origins and weak phylogeographic structure in domestic goats, *PNAS* 98, 5927-5932, 2001.

㊻Liu R.Y. et al: Genetic diversity and origin of Chinese domestic goats revealed by complete mtDNA D-loop sequence variation, *Asian-Australasian Journal of Animal Sciences* 20(2), 178-183, 2007.

㊼Shan-yuan Chen et al: Origin, genetic diversity, and population structure of Chinese domestic sheep, *GENE*, 376, 216-223, 2006.

㊽蔡大伟：《古 DNA 与家养动物的起源研究》，吉林大学博士论文，2007 年。

㊾蔡大伟等：《中国绵羊起源的分子考古学研究》,《边疆考古研究》第 9 辑，科学出版社，2010 年。

㊿黄蕴平:《内蒙古朱开沟遗址兽骨的鉴定与研究》,《考古学报》1996 年第 4 期。

(51)杨杰:《河南偃师二里头遗址的动物考古学研究》，中国社会科学院研究生院硕士论文，2006 年。

(52)赵春燕等：《二里头遗址出土动物来源初探——根据牙釉质的锶同位素比值分析》,《考古》2011 年第 7 期。

(53)刘莉等：《中国家养水牛起源初探》,《考古学报》2006 年第 2 期。

(54)Kyu-II Kim et al: Phylogenetic Relationships of Northeast Asian Cattle to Other Cattle Populations Determined Using Mitochondrial DNA D-loop Sequence Polymorphism, *Biochemical Genetics*, Vol.41, No.3/4,
91-98, 2003.

(55)Yu Y. et al: Mitochondrial DNA variation in cattle of south China: Origin and introgression, *Animal Genetics*, 30, 245-250, 1999.

Song-Jia Lai et al: Genetic diversity and origin of Chinese cattle revealed by mtDNA D-loop sequence variation, *Molecular Phylogenetics and Evo-*

lution 38, 146-154, 2006.

56吕鹏：《试论中国家养黄牛的起源》，《动物考古》第一辑，文物出版社，2010年。

57杨杰：《河南偃师二里头遗址的动物考古学研究》，中国社会科学院研究生院硕士论文，2006年。

58赵春燕等：《二里头遗址出土动物来源初探——根据牙釉质的锶同位素比值分析》，《考古》2011年第7期。

59D. Brown et al: Bit Wear, Horseback Riding, and the Botai Site in Kazakstan, *Journal of Archaeological Science*, Vol. 25, pp. 331-47, 1998年。

60北京大学考古系等：《驻马店杨庄》，科学出版社，1998年，第194页。

61孙岩等：《中国西北地区新石器时代的男女葬俗及所反映的社会观念——以马家窑文化和齐家文化为例》，《性别研究和中国考古学》，科学出版社，2006年。

62甘肃省文物考古研究所等：《甘肃临潭县磨沟齐家文化墓地》，《考古》2009年第7期。

63甘肃省博物馆：《武威皇娘娘台遗址第四次发掘》，《考古学报》1978年第4期。

64甘肃省博物馆：　《武威皇娘娘台遗址第四次发掘》，《考古学报》1978年第4期。

65中国科学院考古研究所甘肃工作队：《甘肃永靖秦魏家齐家文化墓地》，《考古学报》1975年第1期。

66Rowan K. Flad: Divination and Power—A Multiregional View of the Development of Oracle Bone Divination in Early China, *Current Anthropology 49* (3): 403-437, 2008.

67赵信：《甘肃武山傅家门史前文化遗址发掘简报》，《考古》1995年第4期 。

68李济：《中国上古史之重建的作用及其问题》，《李济考古学论文选集》，文物出版社，1990年。

69甘肃省博物馆：《武威皇娘娘台遗址第四次发掘》，《考古学报》1978年第4期。

70中国科学院考古研究所甘肃工作队：《甘肃永靖大何庄遗址发掘报告》，　《考古学报》1974 年第 2 期。

⑦崔波：《甲骨占卜源流探索》，郑州大学博士论文，2003 年。

⑦郝炎峰：《二里头文化玉器的考古学研究》，《中国早期青铜文化——二里头文化专题研究》，科学出版社，2008 年。

⑦叶茂林等：《青海民和喇家遗址发现齐家文化祭坛和干栏式建筑》，《考古》2004年第 6 期。

⑦古方主编：《中国出土玉器全集》第十五卷，科学出版社，2005 年。

⑦王玉妹：《齐家文化玉器的考古学研究》，吉林大学硕士论文，2012 年。

⑦中国科学院考古研究所甘肃工作队：《甘肃永靖秦魏家齐家文化墓地》，《考古学报》1975 年第 1 期。

⑦甘肃省博物馆：《武威皇娘娘台遗址第四次发掘》，《考古学报》1978 年第 4 期。

⑦崔宗亮：《二里头文化与周边地区考古学文化交流研究》，吉林大学硕士论文，2011 年。

⑦韩金秋：《夏商西周时期中原文化中的北方文化因素研究》，吉林大学博士学位论文，2009 年。

⑧张天恩：《天水出土的兽面铜牌饰及有关问题》，《中原文物》2002 年 1 期。

⑧L. G. Fitzgerald-Huber: The Qijia Culture: Paths East and West, *BMFEA* No75, 2003。

⑧中国社会科学院考古研究所编：《中国考古学中碳十四年代数据集》，文物出版社，1991 年。

⑧史金波：《西夏·宁夏·华夏》，《中国民族》2002 年第 9 期。

⑧克恰诺夫著，王颖、张笑峰译：《唐古特的起源问题》，《第二届西夏学国际学术论坛论文集》，武威，2011 年。

⑧许宏：《最早的中国》，科学出版社，2009 年。

第二章　黑水西河惟雍州

　　文物普查发现齐家文化遗址数以千计，但正式发掘又有考古报告出版的只有二十余处。每一个遗址都像一枚棋子分布在地图上。我们可以更好地理解其地理意义及内在联系。首先介绍十个代表性的齐家文化遗址和五个相关遗址，然后讨论其自然、历史与文化地理。我们发现齐家文化分布区正是传说中大禹治水活动区和夏人龙兴之地。

一、齐家文化代表性遗址

1. 齐家坪遗址

齐家坪遗址位于甘肃广河县洮河边黄土台地上。1924 年瑞典考古学家安特生在此发现齐家文化，并因此命名。他发现并收集了大量陶器，但没有发掘墓葬，对齐家文化的年代认识不够清楚。[①]20 世纪 70 年代进行了正式发掘，但报告至今没有出版。齐家坪遗址总面积约 1.5 平方公里，先后发掘墓葬 117 座，房址 2 座，出土器物上千件，包括石器、陶器、骨器、玉器、铜器等生产工具和生活用具。齐家坪出土的陶器以素陶为主，彩陶较少；器形主要有双耳罐、侈口瓶、三耳杯等，还有象形的鸟形罐、兽形罐。出土玉器有玉璧、玉琮、玉璜或联璜璧；出土铜器有铜斧、刀和镜等。铜斧长 15 厘米，宽 3.5 厘米，上部有孔，附耳，并穿孔，刃部锋利。铜镜直径 6 厘米，正面无纹，背面有纽，上穿孔，可以系挂。铜刀不止一种，这些铜器经化验既有红铜也有合金，进一步证明齐家文化进入了青铜时代。房屋是方形或长方形的半地穴式建筑，房内有白灰面，中间有一个圆形灶炕，门道一般朝南。居住面上有两层或多层的白灰面现象，可能是在原有居住面损坏后再敷一层白灰面形成的。墓葬中多人合葬墓最为独特，其中十三人合葬墓一人居中仰身直肢，其他十二人分布周围，可能是陪葬。②

秦昭襄王设陇西郡，郡治狄道（今临洮），又灭西羌枹罕侯，置枹罕县，广河始入秦版图。西汉时从枹罕县析置大夏县，王莽改大夏县名为顺夏，东汉光武帝刘秀又恢复大夏县名。1996 年齐家坪遗址被国务院公布为第四批全国重点文物保护单位。遗址上建有小型纪念馆，展示齐家文化发现与研究过程及文物图片。

2. 皇娘娘台遗址

皇娘娘台遗址位于甘肃武威西北角邱家庄皇娘娘台，遗址东西长 500 米，南北宽 250 米，文化层厚度 0.62 米至 2.3 米。经过 1957—1975 年四次正式发掘，共揭露墓葬 88 座，房址 9 处，窖穴 65 处；三者交错分布，且房址之间或房址与墓葬之间常有打破关系，有些窖穴亦葬有人骨。住室多为半地穴式，呈方形或圆形，面积大都 10 平方米左右，有白灰面，中间有灶炕。住室周围有窖穴分布，有圆形、方形、袋形和椭圆形，穴内满填灰土。墓葬多为方形土坑墓，没有发现葬具，头向多朝西北；可分单人、双人、三人葬和乱葬；葬式有仰身直肢、侧身屈肢，仰身屈肢。其中第四次发掘发现十座成年男女合葬墓和两座一男两女合葬墓具有特别重要的意义。M48 长 2.6 米，宽 1.48 米，深 1.15 米，合葬一男二女，男性仰卧居中，左右各卧一女，侧卧屈肢面向正中；男性身上随葬玉璜一件、石璧 83 件。这反映出当时社会贵贱等级分明，男性占有统治地位。出土文物以陶器为最多，石器次之，骨器和卜骨都有，最重要的是铜器。其中的刀、锥、钻、凿、环等 30 件红铜器和一些铜渣，是中国当时成批出土年代最早的铜器。经检验铜刀的含铜量为 99.63%～99.87%，铅、锡、锑、镍等元素含量的总和只占 0.13%～0.37%；铜锥的含铜量为 99.87%，铅、锡含量总和只占 0.13%，表明是一种纯铜制品。红铜刀两件，一件长 18 厘米，浇铸、有柄、弧刃、前部上翘，一件残长 6.7 厘米，锻制、直背凹刃；锥三件，其中两件四棱体圆锥尖，一件圆锥形已变形；还有钻头两件。③铜器的出现并使用，对当时生产力的发展起了促进作用，标志着铜器时代的到来。

河西走廊古为雍州，春秋以前为西戎占据，秦为月氏驻牧地。西汉匈奴击败月氏，占领河西，匈奴休屠王筑姑臧城。汉武帝改雍州曰凉州，设武威、张掖、酒泉、敦煌四郡。皇娘娘台遗址是典型的齐家文化遗址，已被高楼大厦包围。建议申报国家重点文物保护单位，正在由垃圾堆变遗址公园。

3. 秦魏家与大何庄遗址

秦魏家与大何庄遗址位于甘肃永靖县旧县治莲花城东南黄河与大夏河交汇处黄土台地上，两遗址大同小异，隔苦水沟相望，可以一并介绍。大何庄遗址面积约 53000 平方米，1959 年中国科学院考古研究所与甘肃省博物馆合作进行了两次发掘，七条探沟、五十四个探方，共揭露 1587 平方米，发现了房址 7 座、窖穴 15 个、墓葬 82 座和"石圆圈"5 个等遗迹。房址中 F7 比较独特，方形半地穴式部分面积 36 平方米，周围有十个柱洞，向外扩展 1—1.4 米，总面积达 64 平方米。据研究此房屋中间部分很可能是方形平顶，四边向下略成斜坡状。15 处窖穴都不大，除 H12 为方形外其他均为圆形。墓葬均为方形土坑，82 座墓葬中 55 座是小孩墓；单身葬 79 座，其中仰身直肢葬 57 座，屈肢葬 14 座，不清楚 8 座；三座合葬墓是儿童和儿童或母子合葬。五个石圆圈均是利用天然扁平砾石排列而成，直径四米左右，有一出口；圈旁常有卜骨或牛、羊骨架，卜骨多是羊肩胛骨。82 座墓葬中只有 48 座有随葬品，其中 12 座随葬猪或羊下颌骨 2—36 块不等，有六座墓随葬白色小石块。特别有意义的是在 F7 发现了一件铜匕，还在灰层中发现了器形不明的残铜片。④

秦魏家遗址以墓葬为主，长约 200 米，宽约 150 米，1959—1960
年进行两次发掘，共揭露 1011 平方米，发现墓葬 138 座，窖穴 73 个，
石圆圈 1 个。墓葬均为长方形土坑墓，没有发现葬具，排列有序。114
座单人墓大都仰身直肢葬，只有 3 座侧身直肢葬，2 座屈肢葬，1 座俯
身葬。下层墓葬未见成人合葬，上层 24 座合葬墓中有 15 座成人合葬墓
最有特色：男性仰身直肢、侧身直肢或俯身直肢居右，女性屈肢侧身居
左。窖穴 H72 出土了红铜斧值得特别留意，残长 4 厘米，刃宽 4.2 厘米。
此外还出土了锥、指环和铜饰片。秦魏家遗址出土典型齐家文化陶器之
外，还出土了三件鬲和一件残甗。⑤

大何庄和秦魏家相隔仅五百米，鸡犬之声相闻，可能是紧邻的两个
村落。从墓葬型式和遗物来看大何庄遗址略早于秦魏家遗址。但大何庄
墓葬不完整，秦魏家房址缺乏，很有可能秦魏家遗址是大何庄人的墓
地。

永靖古称"西羌"之地，汉代分属金城郡允吾县和金城县。两遗址
已被刘家峡水库双双永久淹没，应该放在一起来考察和研究。库区周边
还有齐家文化遗址：王村王家坡遗址是县文物保护单位，风景良好。

4. 青海柳湾遗址

柳湾遗址位于青海省海东市乐都区高庙镇东面柳湾村湟水中游北岸
台地。1974 年春天村民在挖水渠时发现了一处古代文化遗址，同年 7
月柳湾墓地发掘工作正式开始。南北长 450 米，东西长 250 米，总面积
为 112500 平方米，由青海省文物管理处考古队赵生琛与中国科学院考
古研究所谢端琚任领队，共发掘清理墓葬 1500 座，其中马家窑文化半
山类型墓葬 257 座，马厂类型墓葬 872 座，齐家文化墓葬 367 座，辛店
文化墓葬 5 座。出土各类生产工具、生活用具及装饰品等遗物三万余
件，初步搞清了这四种文化类型墓葬的分布规律和时间先后顺序。大部

图 2-1　柳湾彩陶博物馆彩陶展示（2012）

分墓葬为竖穴土坑墓，平面呈长方形或圆角长方形，其次为带有墓道的土洞墓，平面呈"凸"字形。墓室口插有木棍和木板，借以封门。这种墓葬被发掘者认为是已知的最早的土洞墓。其葬法有单人葬，又有两人以上的合葬，最多达七人；人架摆放有仰身直肢、屈肢，还有二次葬等。该墓地的合葬墓葬法多样而特别，其中半山类型的多人合葬墓，多是上下叠压在一起，有男有女，有老有少；马厂类型的合葬墓，多是并排埋葬，有成年男女合葬，也有成年人与小孩合葬。

齐家文化墓葬主要分布在墓地西部台地上。墓葬随自然地形排列，墓向多为西北向。墓葬有长方形土坑和带墓道凸字形墓两种。规模大小悬殊，小者长 1 米，大者达 4 米以上；部分有葬具，木棺有长方形和独木棺两种，个别仅使用垫板。长方形木棺采用榫卯结构，独木棺系用圆木挖成。葬式有单人葬及合葬，人骨架摆放有仰身直肢、俯身、断肢、二次葬等。随葬的生产工具有石制的斧、锛、凿、刀、矛、球、纺轮，骨制的锥、针、镞，陶制的纺轮等。陶器中出现了新颖的容器，如高圈足陶杯、双耳彩陶罐、鹗面罐、带嘴罐和竖横耳相叠的罐等皆为其他文化类型所罕见。彩陶出土数量较多，共计 127 件，成为这个文化类型特有的内涵之一。装饰品有绿松石、石串珠、骨珠、海贝、石璧、臂饰等，还出土了 1 件石磬。

齐家文化时期墓葬型制与随葬品不仅反映贫富不均，而且体现了男女不平等。例如 M314，男在棺内，女在棺外，右下角侧身屈肢面向男性；M979 五人合葬，男子仰卧在独木棺内，其余四人仅存头骨，皆放置在棺外，带有殉葬性质，显示出阶级压迫的缩影。此时的社会组织内部贫富不均，男女不平等，已进入了父权社会。⑥

乐都文化渊源深厚，秦汉以前属羌戎地，汉武帝元鼎六年汉军进入湟水流域，乐都地区归入汉朝版图；汉宣帝神爵二年设破羌县，属金城郡。柳湾遗址附近由日本人资助建立了青海柳湾彩陶博物馆，2004 年正式对外开放。占地面积 5830 平方米，展厅面积为 1500 平方米，馆藏文物近 4 万件，其中彩陶 2 万余件，主要展示新石器时代至青铜时代繁荣的彩陶文化，是研究甘青地区史前文化的重要场所。

5. 师赵村与西山坪遗址

1981—1990 年中国社会科学院考古研究所甘青队在天水秦州区师赵村和西山坪进行了多年系统发掘，发现了从大地湾一期到齐家文化完整文化地层。七期齐家文化，六期半山类型，五期马家窑类型，四期石岭下类型，三期庙底沟类型，二期半坡类型，一期师赵村一期文化；西山坪还发现了大地湾一期文化。这七期要比安特生所划的六期可靠得多、科学得多。相距不远的两处遗址共发现房址 39 座，窖穴 72 个，陶窑 6 座，墓葬 27 座，出土玉、石、骨、陶器等完整或可复原遗物共2000 多件。第七期齐家文化层出土了一批保存较好的房址 26 座，成群成组，排列有序；这样完整聚落遗址极为罕见，对探讨当时的聚落布局、房屋结构、社会形态等具有重要意义。师赵村遗址的房址面积不大，一般为五六平方米，大者也不超过 10 平方米，适合于小家庭居住。其中一座房址(F14)较特殊，房址两长侧房壁呈曲折形，形成里外套间式结构，筑造得比较讲究，也许是氏族首领一类人物的住所。在师赵村遗址里，出土的齐家文化器物有侈口罐、小耳罐、高领罐、双大耳罐、三耳罐、鬲等。师赵村遗址出土了 13 件玉器，呈墨绿、淡绿、灰白等色，皆为软玉。器类有璜、环、琮、璧等，以璜为主，皆作扇面形，两端穿孔。琮和璧出在齐家文化层第 8 号墓内，上下并排在一起，说明齐家文化居民曾存在以璧、琮敛尸的丧葬习俗。⑦

天水本是邽戎地，秦武公取其地，置邽县，后改为上邽县。秦始皇置三十六郡时，上邽属陇西郡；汉武帝置天水郡，辖上邽县。《师赵村与西山坪》是新中国建立以来编写的第一部甘肃史前考古报告。⑧

6. 页河子遗址

页河子遗址位于宁夏回族自治区隆德县城西南沙塘乡和平村渝河北岸二级台地上，渝河自山脚下蜿蜒北流入葫芦河。1984 年进行文物普查时发现，1986 年北京大学考古系和固原博物馆进行了发掘，发掘区位于遗址的南部，其中第一区位于断崖上水渠西侧的第二级梯田上，第二、三区分别位于水渠东侧的第二、一级梯田上。共发掘 5×5 米的探方 14 个，5×10 米的探方 1 个，发掘总面积 400 平方米。页河子龙山时代遗存第二期二段年代相当于秦魏家和皇娘娘台遗址，二者同以橘黄和橘红色陶为主，主要器类亦相同，绳纹中也常见麦粒状粗绳纹。二者当属于同一文化——齐家文化。页河子遗址龙山时代二期一段年代稍早于秦魏家和皇娘娘台遗址，与常山下层、海原菜园遗存有密切的关系，被认为是齐家文化的源头之一。陇东地区的齐家文化受到中原地区特别是客省庄文化的影响，河湟地区的齐家文化更多地受到马家窑文化的影响。陇东地区的齐家文化也影响到客省庄文化，在关中西部发现的客省庄文化遗存中，其双耳罐、刻划纹三耳罐及高领折肩罐等类器物应是受到陇东地齐家文化影响的产物。初步搞清了宁夏南部地区新石器时代文化的面貌和序列。⑨

隆德县得名于羊牧隆城及德顺军两名之尾首二字，有"关陇锁钥"之称；古为戎狄部落游牧地，周为荒服居西戎，秦属北地郡。页河子新石器遗址名列第七批全国重点文物保护单位。

7. 新庄坪遗址

新庄坪遗址位于积石山县银川乡新庄坪村银川河沿岸台地上，面积45万平方米。1929年就已发现，1989年甘肃省博物馆做过调查。遗址由聚落址、窑址和墓葬组成，遗址断崖上文化堆积丰富，厚约3～4米，内夹杂着陶片、人骨、石块等。出土了一批典型的齐家文化器物：以素陶为主，彩陶稀少，主要有双耳罐、双耳折肩罐、折腹罐、高领双耳罐、侈口罐和双耳彩陶罐、平底盉、单把鬲，还有鸟形壶、羊形罐等。

图 2-2　新庄坪垛垛山疑似祭天台(2014) 在后沟发现墓葬区，出土了一批玉石器，主要有玉铲、玉刀、玉环、玉璧和石璧等。还出土了铜泡和铜镯，进一步证明齐家文化已迈入了青铜时代的门槛。遗址中心区文化

内涵较单纯，居址居住面多为加工细密的白灰面，为典型的齐家文化。仅在遗址南部寺家沟一带分布有少量马家窑文化遗存。

新庄坪遗址出土的石器比大何庄遗址进步，和秦魏家遗址所出基本相同。这里的陶器手制，多为泥条盘筑，器形规整，制作比较精细。陶器是当时人们的主要生活用具，其特点是颈部多样化，普遍带有两耳，双大耳罐和折肩罐富有文化特征，出土了一件平底壶形半封顶陶盉。通过器物的排比分析，可以推测新庄坪遗址齐家文化的人们在生产力等方面要比大何庄遗址进步。出土的装饰品较多，制作精细，还发现了成串的绿松石珠，从这些绿松石珠上也可看出当时的钻孔技术。通过对新庄坪齐家文化遗址的调查，丰富了我们对齐家文化的认识，并提供了齐家文化铜器的新的实物资料。[10]新庄坪遗址分布面积大，出土文物精美，文化内涵丰富，是一处典型且保存较好的齐家文化遗址，为研究甘青地区齐家文化的分布、类型、文化内涵和社会性质提供了宝贵的实物资料。遗址高处垛垛山疑似祭天台。

积山石县夏为雍州地，商、周为羌、戎地，战国末期入秦国版图。新庄坪遗址 2013 年被列为第七批全国重点文物保护单位。

8. 宗日遗址

宗日遗址位于青海省同德县城西北约 40 公里处巴沟乡团结村，南临黄河。黄河淤积和自然降水冲积下来的黄土形成了约 15 平方公里的河谷平地，海拔高度 2800～3000 米，遗址就分布在黄河北岸的第一和第二阶台地上。1982 年牧区文物普查中被发现，当时试掘确认属于马家窑文化半山类型。[11]面积约 300×200 米，北部被压在村庄之下。因雨水冲刷形成鸿沟，将遗址分割为东西两区，东区为居住区，并有部分墓葬，西区是墓地。遗址地面散布马家窑文化马家窑类型、半山类型及齐家文化陶器残片，断岩处暴露有灰尘层。经 1994、1995、1996 年三次考古发掘，发现大量的遗物，命名为"宗日遗址"。⑫宗日遗址共发掘墓葬 341 座，探方 31 个，灰坑 18 个，祭祀坑 18 个，出土文物 23000 余件。宗日遗址是目前黄河上游发掘海拔最高、面积最大、出土文物最多、内涵最为丰富的新石器时代文化遗存之一；特别是宗日遗址出土的舞蹈纹彩陶盆和双人抬物彩陶盆以及骨叉等珍贵文物，是黄河上游乃至全国所罕见。

宗日遗址由三种因素构成：第一为具有较浓厚的马家窑类型特征的器物，如彩陶壶、瓮、盆等；第二为接近半山类型特征的器物，如彩陶壶、罐等；第三为宗日遗址新发现的特征器物，即乳白色陶器上绘紫红彩的器物，如瓮、壶、罐、碗等，其中以第三种因素最为典型。类似这一文化的遗址在青海省贵南县尕马台、贵德县等地均有发现，分布范围较广，根据地层关系，该遗址早于齐家文化，据陶器形态纹饰比较，则与马家窑类型和半山类型关系较为密切，年代上应该相去不远。这里多出土二层台木椁墓、石棺墓，有些木椁内还有做工精巧的榫卯结构的木棺，反映了当时人们高超的技艺。同时还出现了一批具有火葬习俗的火烧墓，出土了一批精美的彩陶器。

根据少量典型齐家文化陶器，如泥质红陶双大耳罐、高领罐以及瓮棺葬的特征，可以确定宗日遗址经历过一个齐家文化时期。宗日遗址出土齐家文化早期铜器总数超过 10 件，在中国早期冶金研究中占有重要地位。对宗日遗址出土的 3 件铜器进行了科学分析表明，所有样品的含砷量均较高，可见宗日遗址出土砷铜是确定无疑的。宗日遗址发现的砷铜不仅是中国西北地区迄今所知年代最早的砷铜，而且也是在齐家文化铜器中的首次发现，它对中国早期冶金的研究有非常重大的意义。⑬齐家文化层出土玉璧、环、铲、凿、刀、珠等两百余件。

同德县先秦为西羌地，汉末为赐支河曲烧当羌居住地。宗日遗址现在是青海省重点文物保护单位。

9. 喇家遗址

喇家遗址位于黄河上游的青海省民和县官亭镇喇家村，黄河河谷地带北岸的二级台地上，与甘肃省积石山县大河家镇隔河相望，海拔高度1786～1809米，总面积约40万平方米。1999年以来，中国社会科学院考古研究所与青海省文物考古研究所组成的联合考古队对喇家遗址进行挖掘，清理出巨大的环壕、广场，结构独特的窑洞式建筑等重要遗迹；尤其是发掘出突发灾难事件而死亡的群体人骨遗骸。4号房址内发现了14具骨骼，他们姿态各异，其中母亲怀抱幼儿，跪在地面，在灾难突然降临时表现的无助以及乞求上苍救助的神态令人动容。喇家遗址灾难可能是地震，而摧毁聚落的是随后而来的山洪或黄河大洪水。发现了大

图 2-3　从喇家遗址上远望积石山（2012）|

量陶、石、玉、骨等珍贵文物，特别是反映社会等级和礼仪制度的"黄河磬王"、大玉刀、三联璜璧等玉器，对研究齐家文化文明进程和社会发展变化具有重要意义。

为配合喇家国家考古遗址公园一期工程建设，2014年又进行了为期4个多月的田野工作，清理房址20座、疑似房址3座、灰坑近百个、墓葬2座、灰沟6条、陶窑1座，发现了地震留下的多处裂缝及漏斗状喷砂遗迹。居室面积多不足10平方米，大者亦未超出20平方米。F52居室内窖穴(H194)中出土了包括5件卜骨在内的多件器物。灰坑数量较多，H192的底部摆放有十多件盘状器，引人注目。陶窑为竖穴式，由窑室、窑床、火眼、火塘、操作区组成。其中F45内出土的一件长约30厘米的带柄石刀较为特别，盘状器上普遍存在圆窝和月牙形沟槽，可能具有某种特殊含义。玉器数量较少，有刀、璧、玉料等。青铜器仅在F45居住面发现1件，且锈蚀严重，具体器型已难以辨认。骨、角、牙器发现不多，有卜骨、骨锥、骨镞、骨凿、角梳、牙饰等。其中5件卜骨极为珍贵，六齿角梳尤为精致。[14]

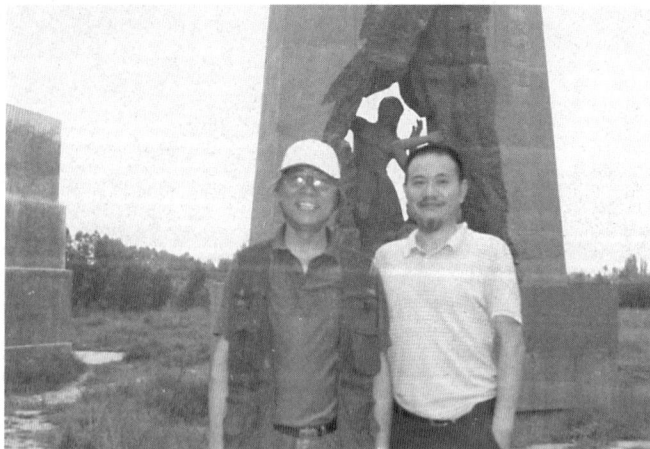

图2-4　作者与叶茂林先生在喇家遗址(2012)

2002年出土面条是小米做成，已世界知名，是迄今最早的面条遗存。[15]最近又发现了青铜器和小麦，再一次证明齐家文化进入了青铜时代。喇家遗址主要为齐家文化中晚期遗存，包含了少量马家窑文化和辛店文化遗存，可能是大禹时代积石山边古国遗址。喇家遗址有"东方庞贝"之称，是迄今为止我国唯一一处大型灾难考古遗址。

民和县夏、商、周三代时属雍州地，为西北羌戎繁衍生息之地；秦始皇统一六国，设置陇西郡管辖西北塞外地。2001 年喇家遗址被国务院列入第五批全国重点文物保护单位。2002 年被评为全国十大考古新发现。正在建设国家大遗址公园，发掘仍在进行，期待发掘报告和多学科研究成果早日面世。

10. 磨沟遗址

2008 年甘肃省考古所在临潭陈旗九颠峡库区抢救性挖掘了 351 座墓葬，其中齐家文化 346 座，出土陶、石、骨、铜器物 2600 余件（组），引起轰动，被评为当年全国十大考古发现。截至 2001 年共清理墓

图 2-5　磨沟遗址远景（毛瑞林提供）

葬 1530 多座，是迄今为止全国最大的齐家文化墓地。磨沟遗址 30 多万平方米，发现了仰韶中晚期、马家窑、齐家、寺洼等文化遗存，其中齐家文化墓葬区在距磨沟村北面 100 米、靠近洮河的台地上，面积大约12000 平方米。墓葬主要有竖穴土坑和竖穴偏室两种，其中竖穴偏室墓占了 70%；合葬墓一般为左右并列或上下叠置；发现了个别火葬或坟丘墓。齐家人的葬俗非常复杂，按照人骨出土状况可进一步分为一次葬、二次葬、迁出葬、扰乱葬及人骨推挤现象等。墓葬大体排列有序，规整的氏族公共墓地上可能按家族或家庭分配了葬穴。

齐家文化陶器以中小型居多，侈口双耳折肩罐、双大耳罐是典型代表，彩陶多绘三角纹和菱格纹。M1202 和 M1476 各出一件二里头文化风格白陶盉。没有出土青铜兵器，出土青铜器大多是装饰品如手镯和半月形青铜项饰；还出土了金器。磨沟齐家文化墓葬可大致分为三期：北区较早，竖穴土坑墓比例较多，普遍陪葬猪下颌骨，陶器种类和风格接近秦魏家上层墓葬陶器；中期以中区为代表，竖穴偏室墓数量剧增，出现了火葬墓；晚期以南区为代表，出现木棺，墓葬风格和陶器种类与寺洼文化墓葬接近。磨沟墓地标志着齐家文化已进入晚期或末期。⑯

临潭北蔽河湟，西控蕃戎，东济陇右，是唐蕃古道的要冲，史称"进藏门户"。磨沟墓地举世罕见，已是省级文保单位，亦难免永久淹没。

二、齐家文化重要相关遗址

十个主要代表性的齐家文化遗址都分布在甘肃、青海和宁夏，五个密切相关文化遗址分布在宁夏、内蒙古、陕西和河南，其实四川、新疆、山西亦有相关遗址，限于篇幅暂不涉及。

1. 宁夏固原菜园遗址

菜园新石器时代文化遗址位于海原西安乡菜园村南山梁坡地，面积

41250 平方米，海拔 1800 米，遗址地处南华山北麓。1984 年宁夏回族
自治区文物普查时发现了菜园新石器时代文化遗址，1985 年宁夏考古
研究所对切刀把墓葬进行试掘，同时对周边地区继续调查，又发现三处
新石器时代遗址和三处墓葬，即马缨子梁、林子梁、石沟遗址和二岭子
湾、寨子梁、瓦罐嘴墓地。1985 年开始进行系统发掘，1987 年中国历
史博物馆考古部和北大考古系也参加了遗址发掘，到 1988 年底连续四
年的发掘和清理工作，共布探方 297 个，总揭露面积 6921 平方米，清
理墓葬 138 座，房址 15 座，窖穴灰坑 65 个，窑址 1 座，出土各类完整
或可辨器物 5000 余件，主要为石、陶、骨等生产工具、生活器皿及其
他装饰品。在分布地域上，菜园文化与齐家文化有大片的重合区，即陕
甘宁交界带的泾河和清水河上游。在时间上菜园文化早于齐家文化，并
在生产形态、生活方式、常用器皿、葬俗等方面，显示出一些有机的联
系。从考古学文化的因素上表明菜园文化是齐家文化成因不可缺少的组
成部分，菜园文化的发现及发掘表明齐家文化的主体是从"菜园遗存"
中孕育出来的，这对解决长期以来考古学界齐家文化渊源的纷争与混乱
有着重要的意义。菜园遗址考古资料具有鲜明的土著文化特征，林子梁
遗址的窑洞式房屋保存之好，是中国建筑史上罕见，它对于研究和复原
中国原始社会窑洞式的建筑结构，提供了实证。宁夏南部山区、甘肃陇
东纵横百里的范围内，尽管有六盘山的阻隔，但清水河、葫芦河、泾水
等各个流域的先民们，仍然交流频繁，共同创造了具有浓厚地域特征的
原始文化。菜园新石器时代文化遗址距今 4800—3900 年。⑰

菜园新石器文化遗存是宁夏南部山区和甘肃陇东纵横数百里范围内
原始文化的典型代表，已是全国重点文物保护单位。

2. 内蒙古朱开沟遗址

朱开沟遗址位于内蒙古自治区鄂尔多斯市东部的伊金霍洛旗纳林塔

乡境内，1984—1997 年先后进行了 4 次发掘，共发掘不同时期的房址 83 座、瓮棺葬 19 座，出土可复原陶器约 510 件、石器 270 件、骨器 420 余件、铜器 50 余件。朱开沟遗址时代距今 4200—3500 年[18]，内涵丰富，特点鲜明，被认为是孕育古代北方游牧民族的摇篮。[19]通过对典型的折肩罐和大双耳罐形制特征的分析可以发现齐家文化的影响。朱开沟遗址的发掘报告将折肩罐分为 A、B 两型，A 型口沿比较长，肩部为缓折状，是承袭了齐家文化的折肩罐。在白音敖包墓地中，发现的折肩罐均为齐家文化系统的折肩罐。朱开沟遗址甲类遗存的土坑墓中共有 87 座随葬陶器，随葬器物中常见有双耳罐、折肩罐、单把鬲、单耳罐、豆、盂等，其中有 15 座墓葬还随葬有猪下颌骨。在男女合葬墓中，常发现女性侧身葬于男性的一侧。这与甘肃武威皇娘娘台、秦魏家等经过发掘的齐家文化墓地所见到的葬俗十分接近。内蒙古中南部的白敖包墓地的偏洞室墓葬以及随葬的陶器均和齐家文化有关，这类因素在内蒙古中南部地区的出现源于齐家文化人群的迁徙。[20]齐家文化最为典型的高领折肩罐在内蒙古中南部大量出现的时间相当于齐家文化第三期，东迁的齐家文化居民在到达内蒙古中南部之后，在葬俗上保持了自身的传统，而且将双耳罐、大口折肩罐等器类也带到了朱开沟等地。

3. 陕西石峁遗址

石峁遗址位于陕西省神木县高家堡镇石峁村的秃尾河北侧山峁上，地处陕北黄土高原北部边缘，是中国已发现的龙山晚期到夏早期时期规模最大的城址。石峁遗址距今约 4000 年左右，面积约 425 万平方米。早在 20 世纪 70 年代就发现了石峁遗址，戴应新收集了大批玉器引起了国内外的广泛关注。[21]但到最近才开始大规模正式考古发掘。陕西省考古研究院孙周勇领队通过系统调查和发掘，确认了体量巨大、结构复杂、构筑技术先进的门址、石城墙、墩台、"门塾"、内外"瓮城"等

重要遗迹，出土了玉器、壁画及大量龙山晚期至夏时期的陶器、石器、骨器等重要遗物。一是发现了六件完整的玉器，这些玉器都

图 2-6 作者在石峁遗址（2015）|

是砌在石墙内部。石峁的玉器在世界上非常有名，流散在外的有 4000 件左右，但通过考古发掘出玉器，这在石峁遗址还是首次。二是在一段石墙墙根底部的地面上，发现了成层、成片分布的壁画残块 100 余块，部分壁画还附着在晚期石墙的墙面上；这些壁画以白灰面为底，以红、黄、黑、橙等颜色绘出几何形图案，最大的一块约 30 厘米见方。三是在下层地面下发现集中埋置人头骨的遗迹两处，都有 24 个头骨；这两处集中发现的头骨可能与城墙修建时的奠基活动或祭祀活动有关。通过考古初步认定石峁城址最早当修建于龙山中期或略晚，兴盛于龙山晚期，夏时期毁弃，属于我国北方地区一个超大型中心聚落。规模宏大的石砌城墙与以往发现的数量庞大的石峁玉器，显示出石峁遗址在北方文化圈中的核心地位。发掘工作不仅为石峁玉器的年代、文化性质等问题的研究提供了科学的背景，更对进一步理解早期文明格局具有重要意义。

石峁遗址发现了齐家风格的陶器和墓葬，表明石峁是齐家文化与龙

山文化相汇之地。如果二里头是夏代末都，多种迹象表明，石峁很可能就是首都。

石峁遗址 2006 年被公布为全国重点文物保护单位，入选 2012 年十大考古新发现和"世界十大田野考古发现"以及"二十一世纪世界重大考古发现"。发掘还在进行中。

4. 东龙山遗址

东龙山遗址位于陕西商州城东丹江上游北岸。1997 年 6 月商洛地区文物管理委员会调查发现，即与陕西考古所联合发掘，已揭露面积 1500 平方米，发现房址 15 座、灰坑 221 个、墓葬 75 座，出土一批从仰韶龙山到夏商周时期的石器、骨器、玉器、陶器和碎铜器，已被国家夏商周断代工程专家组列入文化分期与年代测定专题，分别测定了夏与商的分期和商与周的分期。东龙山遗址可以分为四期，各期的年代分别与偃师二里头遗址的一至四期相互对应。但在文化面貌方面，东龙山一、二期遗存则与三、四期遗存之间存在着重大的差别：早期遗存主要包括土坑竖穴墓 34 座、瓮棺葬 1 座、灰坑葬 2 座，同层墓葬方向基本一致，分布排列也比较整齐。出土了牙璋、玉戚和石璧，还发现了墓上建筑遗迹。在考古学术上填补了龙山文化与二里头文化之间的缺环，被发掘者命名为东龙山文化。夏代晚期遗存与二里头遗址三四期遗存大同小异，发掘者建议命名为二里头文化商洛类型。[②]

东龙山遗址夏代文化层双耳罐、折肩罐众多，三耳杯不少，绵羊和黄牛亦很多，齐家文化气息明显。这类遗存和齐家文化有很强的联系，有人径直称为齐家文化，从折肩罐和双耳罐的形制比较可以判断东龙山文化中齐家文化因素的出现时间。亦有人认为其文化内涵属于客省庄二期文化或二里头文化。

东龙山文化中出现年代最早的齐家文化因素相当于齐家文化的第三

期，而更多器物则和齐家文化第四期五段器物接近。从齐家文化第三期开始，已对关中—丹江上游地区产生了影响，在四期五段时文化的交流非常活跃，达到了高潮。齐家人随黄牛、绵羊进入中原十分自然。东龙山遗址位于齐家文化与二里头文化结合部，夏代早期更接近齐家文化，晚期更接近二里头文化。

2006 年东龙山遗址被列入第六批全国重点文物保护单位名单。

5. 淅川下王岗遗址

下王岗遗址位于河南省淅川县城南下王岗村丹江南岸，面积约4000 平方米。1971—1974 年河南省博物馆发掘下王岗遗址，发现有仰韶文化、屈家岭文化、龙山文化、二里头文化、西周、汉魏等不同时期的文化遗存。早期仰韶文化层，中期为屈家岭文化层，发掘出成排房门向南的双间式房基；晚期文化的陶器中，包含有一些龙山文化的因素，常见器形有鼎、罐、瓮、豆、鬶与盉形器。二里头文化期以饰印绳纹和间饰弦纹、附加堆纹与鸡冠形双耳的灰陶器为主，器形有鼎、罐、大口尊、甑、瓮、豆、缸等。西周文化遗存中的陶器有鬲、罐、盆、豆，器表多饰粗绳纹，其中一件满饰压印暗纹的精致高柄黑陶杯，为他处西周遗址中所少见。

2008—2010 年中国社会科学院考古研究所山西队进行了第二次发掘，共发掘面积 2800 平方米，发掘取得了重要收获。二里头文化时期发现有灰坑、房址、窑等遗迹，其中带有三排柱洞的房基面积较大，近 100 平方米。龙山文化遗存最丰富，2009—2010 年度新发现灰坑 70 个、灰沟 6 条、瓮棺葬 13 座、窑 1 座以及硬地面 3 处等。墓葬新出土 57 座，见有单人、双人、多人合葬等多种葬式，也有数量不少的二次葬，可以看到齐家文化的影响。墓葬中黑陶钵覆面葬式十分特殊，值得注意。新发现房址 30 座，可分为圆形、方形单间、方形连间等多种型式。二里头风格玉璋和沈那风格铜矛的出土意味着二里头或齐家文化都影响到了丹江流域。

三、齐家文化的特征

谢端琚《甘青地区史前考古》提出齐家文化的主要特征为：聚落、白灰面、"石圆圈"祭祀遗迹；成年男女合葬墓；有磨制石斧、铲、锛、刀、磨棒、磨盘、敲砸器等石器；动物下颌骨、肩胛骨制成的铲、锥、针，带纹饰的骨匕；红铜、青铜制作的小件铜器和锥、刀、环、斧等；玉琮、玉璧等礼器，绿松石、珠、环和石管等装饰品。他研究认为齐家文化的绝对年代为公元前2183—公元前1630年，属于铜石并用时代，是马家窑文化的继续和发展。他把齐家文化分为东、中、西部三个区及五个类型：东区的师赵村类型(早期)与七里墩类型(晚期)，中区的秦魏家类型(早、晚两期)，西区的柳湾类型 (早、中、晚三期)和皇娘娘台类型(相当于柳湾类型晚期)。㉓东区为泾水、渭河、西汉水上游等流域，中区为甘肃中部地区的黄河上游及其支流洮河、大夏河流域，西区为甘肃西部和青海东部以及青海境内的黄河上游及其支流湟水和河西走廊。通过对各区陶器、石器、骨器、玉器和随葬品的对比研究，将齐家文化各区典型遗址的相对年代排成这样的顺序：天水七里墩(包括秦安寺咀坪)—大何庄—秦魏家—皇娘娘台，即东边的相对年代要比西边早。㉔

页河子遗址位于宁夏隆德县沙塘镇和平村北山二级台地上，属仰韶文化晚期和龙山文化时期，其中部分龙山文化是齐家文化遗存。谢端琚将页河子齐家文化增补为齐家文化第四个类型页河子类型，代表宁夏地区的齐家文化。㉕1972年冬，陕西陇县川口河村平整土地时出土了一批陶器，表明齐家文化分布范围已经到达陕西西部。张天恩命名为川口河类型，代表陕西西部的齐家文化。㉖

张忠培以武威皇娘娘台遗址、永靖大何庄遗址、秦魏家遗址的发掘资料为基本材料，详细而具体地对各遗址进行了分期分段研究，并结合瓦家坪遗址、柳湾墓地的情况，把当时所能认识到的齐家文化分为三期八段：一期包括瓦家坪 K82·5 白灰面住室、柳湾 M167 和皇娘娘台 F8 为代表的先后三段遗存，二期包括皇娘娘台和秦魏家三层墓葬为代表的四、五两段遗存，三期包括大何庄 F7 和前述秦魏家诸遗存的年代关系表中三、四段为代表的六、七、八这三段遗存。关于齐家文化的绝对年代，他根据碳十四数据和树轮校正年代，得出属于三期一段的大何庄 F7 为公元前 2050±115 年和公元前 2010±115 年，约当夏朝的起始年代。类比推测出一期二段的年代基本上是公元前三千年后半叶之前段范围内。一期一、三段约在二段前后不远。一期的年代当在公元前三千年后半叶之前段左右。二期的年代应估定约在公元前三千年后半叶之后段范围内，认为西区的齐家文化要早于中区。[27]

王吉怀指出齐家文化与马家窑文化有较密切的关系：属于较早期的甘东区以红褐陶为主，以侈口罐、单耳罐、圆腹罐、高领双耳罐和双耳罐形甑等为典型器物；中部地区却以双大耳罐、三耳罐、高领双耳罐、镂孔豆和单耳鬲为典型器物；而属于较晚时期的陇西地区，是以陶尊、高领折腹罐、双耳彩陶罐为典型器物，并出土有红铜制造的小型生产工具。师赵村遗址里出土齐家文化器物有侈口罐、小耳罐、高领罐、双大耳罐、三耳罐、鬲等，证明甘东地区确实包含有早期齐家文化的因素，同时也有时间早晚的区别。[28]

考古学家主要根据陶器来研究，意见暂时难以统一。王辉指出齐家文化晚期取得了甘青地区主导文化地位，作为一支强势文化不断向西发展过程中，没有停止向东渗透，并向南向北扩展；关中地区客省庄、鄂尔多斯朱开沟和四川西北部均有齐家文化陶器出土。它在接受二里头文化影响的同时，也对二里头文化产生了一定的影响；还与欧亚草原东部青铜文化存在着文化交流。[29]齐家文化的分布范围和影响区域日益清晰，使我们可以分别从自然、历史与文化地理来解读。

四、自然、历史与文化地理

从自然地理来看，齐家文化分布在三大高原结合部。齐家文化主要分布于甘肃、青海、宁夏和陕西，正好是青藏高原、蒙古高原、黄土高原之间或过渡地带，兼具三大高原的特征，有山有水有草地，宜农宜牧。

武威皇娘娘台遗址和海藏寺遗址位于青藏高原和蒙古高原之间的河西走廊，说明河西走廊曾是齐家文化的重要分布区。河西走廊东北方向是马鬃山、合黎山、龙首山组成的北山，西南方向是祁连山脉即南山，中间有祁连雪水形成的石羊河、黑河和疏勒河，孕育了绿洲草原。祁连山顶终年积雪，山脚是森林草地；马放南山，齐家文化时代就是天然牧场。凉州畜牧甲天下，山丹军马厂举世闻名。山羊、绵羊、黄牛和马正是齐家文化时代从河西走廊进入了中原。

黄河从青藏高原流入黄土高原，经过齐家文化分布区，或者说齐家文化主要分布于黄河上游地区。青海同德宗日、乐都柳湾、民和喇家，甘肃永靖大何庄、秦魏家、临潭磨沟、广河齐家坪遗址均位于黄河及其支流两岸。沿黄河到宁夏、陕北由青藏高原向黄土高原的过渡地带亦有齐家文化分布，齐家文化可以顺黄河发展。内蒙古鄂尔多斯朱开沟遗址和陕北石峁遗址位于蒙古高原与黄土高原过渡地带，既是游牧与农耕的分界线，亦是游牧文化与农耕文化的接合部。长江亦源于齐家文化分布，岷江是长江正源，嘉陵江和汉水是长江重要支流，齐家文化主人及其后人可以顺岷江、嘉陵江、汉水向长江流域发展。

齐家文化分布于东亚季风尾闾地带，是半湿润半干旱区，自然条件具有渐变的特征。海拔从 1000 米到 3000 米不等，降雨量从 40 到 800 毫米不等，气温四季分明。既可发展旱作农业，亦可进行水田耕作。齐家文化分布区雨量较充沛，河流众多，是古代理想的生存地域。

　　齐家文化分布区正好也是中国的地理中心区，生态多样性为孕育或接受文化多样性提供了条件，自然可以成为中国历史文化的核心。

　　从传说与历史地理来看，齐家文化位于大禹治水区，史称雍州。齐家文化分布在西北，实际上并没有想象的那么干旱。我三次到喇家遗址，都赶上了下雨。2012 年夏在永靖刘家峡水库下游还遇上了黄河泛滥，为理解大禹治水提供了客观场景。《禹贡》记载大禹治水积石山、合黎山、鸟鼠山、西河、黑水或弱水流域正好位于齐家文化分布区。积石山夏为雍州地，商、周为羌、戎地，战国末期入秦国版图，属陇西郡枹罕县。积石雄关位于积石山县大河家镇康吊村，为古河州二十四关之首，被列为河州八大景之一。现积石山县城中心建有纪念大禹治水的广场。

　　雍州，古九州之一。《尚书·禹贡》："黑水西河惟雍州。"孔颖达疏："计雍州之境，被荒服之外，东不越河，而西逾黑水。"《辞海》地理分册："黑水所指自来说法不一，有张掖河、党河、大通河等说。西河或指今山西、陕西间的黄河。"黑水，或谓张掖河，或谓党河，均在今甘肃河西走廊，或谓大通河，在今青海西宁附近，均在齐家文化分布区。西河指古代少梁（今韩城）以西的黄河。从《禹贡》的"黑水西河惟雍州"，到《尔雅》的《释地》"河西曰雍州"，都是概指西北或陕甘宁青地区，并无明确的边界。一般认为先秦雍州作为九州之一，指现在陕西省西北部和甘肃省、青海省的东南部和宁夏回族自治区一带地方，正好是齐家文化分布区。西河亦泛指西北地区。《西河旧事》早佚，但有许多史书如《史记索隐》《汉书》《太平御览》皆引用此书内容。《史记索隐》引《西河旧事》载匈奴歌："失我祁连山，使我六畜不蕃息；失我焉支山，使我妇女无颜色。"《西河旧事》记载大量河西走廊的故事，如"姑藏城，秦月氏戎所据，匈奴谓之盖藏城，语讹为姑藏也"；"焉支山，东西百余里，南北二十里，亦有松柏巨木，其水草美茂，宜畜牧"。秦汉以后雍州才日益具体。凤翔古称雍州，位于关中西部，北枕千山，南带渭水，东望西安，西扼秦陇。这里曾是周室发祥之地，嬴秦创霸之域，有"凤凰鸣于岐，翔于雍"之传说。雍州牧是雍州的最高官员。古代以九州之长为牧，牧是管理人民之意。汉武帝时设十三州，每设一刺史；汉成帝时仿古改刺史为州牧。

前文提到合黎山与马鬃山、龙首山组成北山，位于张掖黑水河流域，海拔 1380—2278 米北山东北是内蒙古的腾格里沙漠、巴丹吉林沙漠，南与祁连山遥相呼应。据传说合黎山是上古燧人氏观测星象、拜祭上天的三大处所之一，另两处分别为湟中拉脊山和六盘山。

《禹贡》称道河西的山主要有三危山和合黎山。三危山能够为《禹贡》著者所重视，并非由于其山雄伟崇高，而是因为它为黑水流经的地方和三苗放逐的所在。[30]"三危"是史书记载中最早的敦煌地名。《尚书·舜典》："窜三苗于三危"。《史记·五帝本纪》："三苗在江淮、荆州数为乱，于是舜归言于帝，迁三苗于三危，以变西戎。"三危山隔大泉河与莫高窟毗邻，莫高窟则因三危山之佛光而建。三危山为敦煌第一圣境，在地方志中被列为敦煌八景之首，曰"危峰东屹"。三危山东西绵延数十里，主峰隔大泉河与鸣沙山相望，其"三峰耸立、如危欲堕，故云三危"。

《禹贡》多次提到鸟鼠山："荆岐既旅，终南惇物，至于鸟鼠。"鸟鼠山是中国文献记载最早的名山之一。《山海经》称"鸟鼠同穴山，渭水出焉"。郭璞注："鸟鼠同穴山，今在陇西首阳县，渭水出其东，经南安、天水、略阳、扶风、始平、京兆、宏农、华阴县入河。"《水经注》云："渭水出陇西首阳县渭谷亭南鸟鼠山。"鸟鼠山属秦岭山脉西延部分，也是古代从渭河进入洮河谷地的要道。渭河有三源，北源发源于鸟鼠山的禹河。渭水之源当代碑云："三源孕鸟鼠，一水兴八朝。"周、秦等8个王朝从此兴起。泉旁建有禹王庙，以纪念这位"三过家门而不入"的治水英雄。鸟鼠山是大禹治水活动的标志，也在齐家文化分布区。2014年甘肃定西市渭源县举办了首届大禹公祭大典，追溯华夏文明到渭河源。

《禹贡》多次提到积石山、合黎山、三危山、鸟鼠山和西河、泾河、渭水、黑水、弱水及流沙都在齐家文化分布区。大禹治水无论是传说还是历史都只可能源自甘青地区，然后向他处展开。禹会诸侯协和万邦都是后续故事；葬于会稽也不能否定其治水河源。

《尚书·夏书》记载夏王朝早期主要活动于西北。《尚书·甘誓》记述了夏初启与有扈氏大战于甘之前的誓词："嗟！六事之人，予誓告汝。有扈氏威悔五行，怠弃三正，天用剿绝其命。今予惟恭行天之罚。"乃召六卿，大战于甘。一般认为甘位于今陕西扶风县，也可理解为甘肃甘谷，均是齐家文化分布或影响区。这也可以证明夏朝初年的核心区在西北地区。

其他神话传说亦可佐证夏兴起于西北齐家文化分布区。《山海经·海内东经》记载："雷泽中有雷神，龙身而人头，鼓其腹在吴西。"北魏郦道元《水经注·渭水》记载："故渎东经成纪县，故帝太皞庖羲所生之处也。母曰华胥，履大人迹于雷泽而生庖羲于成纪。"天水现存全国最大的伏羲庙，被公认为伏羲女娲传说的中心区，亦是齐家文化核心区。

从文化与交通地理来看，齐家文化分布在中西文化结合部和丝绸之路要冲，正是游牧与农耕文化交汇区。形成于东亚和中亚结合部，齐家文化是东亚文化的组成部分，亦可以看成中亚文化。联合国教科文组织倡导编写的《中亚文明史》第一卷中"中亚东部的青铜时代"重点介绍了齐家文化；白寿彝主编《中国通史》第一卷《中国远古时代》中更详细地介绍了齐家文化。因此，我们研究齐家文化，既要重视其东亚特色，也不要忽视其中亚共性。大体而言继承了东亚定居农业文化传统，也吸收了中亚青铜游牧文化，形成了独特复合文化，开创了东亚文化与历史新时代。许多事物都是东西交流与融合的结晶，例如住房，石灰地面是东亚龙山文化的特色，平顶建筑却是中亚西亚的共性。齐家文化分布区不仅是古代中原通往西域的边塞要地，也是丝绸之路的必经之地。近水楼台，齐家文化率先接受外来文化影响；齐家文化分布区是上古中国对外开放的前沿，亦是变革的阵地。

《禹贡》："织皮、昆仑、析支、渠搜。西戎即叙。"齐家文化分布区是西北羌或戎活动区，秦代长城西起临洮，明代长城西到嘉峪关，齐家文化分布区也是长城地带，一直是游牧与农耕文化交汇之地。春秋时期，"秦襄公伐戎，复泾东南八百里之地，于是西北尽为戎，后为义渠乌戎。秦昭公灭义渠，置北地郡，属县有朝那，盖今静宁、隆德、镇原、固原、平凉、华亭之交也。汉初仍属秦北地，至武帝析置安定郡，朝那改属焉。有曰月支道者，即今静宁、隆德境也。后汉、魏、晋因之，皆属安定郡。隋属安定，或属平凉郡。唐属渭州，至德元年没于吐蕃，大中时收复之"[③]。赫连勃勃、元昊在此龙兴称王称帝，建立大夏政权，重演夏朝的故事。

石器体现了马家窑文化与齐家文化的连续性。佟柱臣将广河齐家坪、临夏姬家川、秦安寺嘴坪、岷县杏林、永靖新庄、大何庄、秦魏家、武威皇娘娘台等遗址出土的敲砸器、石斧、石锛、石凿、石刀、石矛、石纺轮、石网坠进行分型分式研究，发现种类和形制与马厂类型相比无大变化，不仅没有发展，而且有接近尾声之势。[②]玉文化的源头在东方，表明齐家文化是东亚文化的组成部分；青铜文化的源头在西方，表明齐家文化进入以西亚为中心的上古世界体系。齐家文化不仅是中国亦是世界文化的组成部分，如此我们才能彻底认识齐家文化的来龙去脉。

接触地带是形成新的社会体系的源泉。经过几代考古学家和学者们的不懈努力，逐渐发现齐家文化不仅是华夏文明之源，而且是中国或东亚进入青铜时代世界体系的标志。随着盛极一时的齐家文化中心往中原和东部迁移，中原兴起了二里头文化或夏文化；齐家文化在本土由盛转衰，继之而起的四坝、辛店、寺洼、卡约等文化，形成了西北地区农耕到农牧混合文化传统。

农耕文化和游牧文化的交汇之地，或者说成为两种文化的重叠区域时，中华文明就会在交汇与重叠之中孕育起来。华夏文明并非单纯的定居农业文明，也不是纯粹的游牧文明，是一种复合文明。深入系统研究齐家文化可以阐明华夏文明形成的历程。

齐家文化是中国或东亚文化的重要组成部分已众所周知，作为中亚或欧亚内陆文化的组成部分还有待证明。在后面的几章中我们将展开论述。

注释：

①M. Bylin-Althin: The Sites of Chi Chia Ping and Lo Han Tang in Kansu, *BMFEA*, No.18, 1946.

②甘肃省博物馆：《甘肃省文物考古工作三十年》，《文物考古工作三十年(1949～1979)，文物出版社，1979年。谢端琚：《略论齐家文化墓葬》，《考古》1986年第2期。

③甘肃省博物馆：《武威皇娘娘台遗址第四次发掘》，《考古学报》1978年第4期。

④中国科学院考古研究所甘肃工作队：《甘肃永靖大何庄遗址发掘报告》，《考古学报》1974年第2期。

⑤中国科学院考古研究所甘肃工作队：《甘肃永靖秦魏家齐家文化墓地》，《考古学

报》1975 年第 2 期。

⑥青海省文物管理处考古队等:《青海柳湾——乐都柳湾原始社会墓地》,文物出版社,1984 年。

⑦中国社会科学院考古研究所编著:《师赵村与西山坪》,中国大百科全书出版社,1999 年。

⑧吴耀利:《〈师赵村与西山坪〉读后》,《考古》2000 年第 11 期。

⑨王辉等:《隆德页河子新石器时代遗址发掘报告》,《考古学研究》,1997 年。

⑩贾建威:《甘肃积石山县新庄坪齐家文化遗址调查》,《考古》1996 年第 11 期。

⑪陈洪海等:《青海同德宗日遗址发掘简报》,《考古》1998 年第 5 期。

⑫陈洪海等:《试论宗日遗址的文化性质》,《考古》1998 年第 5 期。

⑬徐建炜等:《青海同德宗日遗址出土铜器的初步科学分析》,《西域研究》2010 年第 2 期。

⑭任晓燕:《青海民和喇家遗址发现齐家文化陶窑和集中分布房址》,中国文物信息网,http://www.wenwuchina.com/news/view/cat/9/id/237723,2015-03-17 18:08:37。

⑮Lu, H., et al., Millet noodles in late Neolithic China. *Nature*, 2005, 437(13).

⑯钱辉鹏、毛瑞林:《甘肃临潭磨沟齐家文化墓地发掘及主要收获》,《考古学研究》(九)下册,文物出版社,2012 年。

⑰宁夏文物考古研究所:《宁夏菜园:新石器时代遗址、墓葬发掘报告》,科学出版社,2013 年。

⑱内蒙古文物考古研究所:《内蒙古朱开沟遗址》,《考古学报》1988 年第 3 期。

内蒙古文物考古研究所、鄂尔多斯博物馆:《朱开沟——青铜时代早期遗址发掘报告》,文物出版社,2000 年。

⑲Katheryn M. Linduff: Zhukaigou, Steppe Culture and the Rise of Chinese Civilization, *Antiquity*, 1998(69):140.

⑳马明志:《河套地区齐家文化遗存的界定及其意义》,《文博》2009 年第 5 期。

㉑戴应新：《陕西省神木县石峁龙山文化遗址调查》，《考古》1977 年第 3 期。

㉒陕西省考古研究院、商洛市博物馆：《商洛东龙山》，科学出版社，2012 年。

㉓谢端琚：《甘青地区史前考古》，文物出版社，2002 年，第 115 页。

㉔谢端琚：《试论齐家文化与陕西龙山文化的关系》，《文物》1979 年第 10 期。

㉕谢端琚：《宁夏史前考古概论》，《二十一世纪的中国考古学——庆祝佟柱臣先生八十五华诞学术文集》，文物出版社，2006 年。

㉖张天恩等：《川口河齐家文化陶器的新审视》，《中国史前考古学研究——祝贺石兴邦先生考古半世纪暨八秩华诞文集》，2004 年，第 361—367 页。《陕西夏商周考古发现与研究》，《考古与文物》2008 年第 6 期。

㉗张忠培：《齐家文化研究》，《考古学报》1987 年第 1—2 期。

㉘王吉怀：《天水西山坪和师赵村遗址发掘的学术意义》，《考古》1991 年第 7 期。

㉙王辉：《甘青地区新石器 - 青铜时代考古学文化的谱系与格局》，《考古学研究》（九）上册，文物出版社，2012 年。

㉚史念海：《河西与敦煌（上篇）》，《中国历史地理论丛》1988 年第 4 期。

㉛常星景修，张炜纂：《康熙隆德县志》，隆德县地方志办公室（内部刊印），1987 年，第 14—15 页。

㉜佟柱臣：《中国新石器研究》，巴蜀书社，1998 年。

第三章 铜踪夏迹见齐家

夏代进入了青铜时代，在夏代纪年内东亚有青铜器特别是青铜兵器的代表性文化是齐家文化和二里头文化。齐家文化晚于仰韶或马家窑文化，早于四坝、卡约、辛店文化；也就是说齐家文化是马家窑文化基础上发展起来的，孕育了四坝、卡约、辛店文化；绝对年代距今约为4100—3600。从考古学角度看，齐家文化是新石器时代到青铜时代的过渡文化。数以百计的大量青铜器的发现表明齐家文化已进入了青铜时代，是已知东亚最早的青铜文化。从历史看，齐家文化时代正是史前史向历史过渡期，有人称之为原史(proto-history)，大体与夏代相始终。

一、进入青铜时代

马家窑文化遗址发现了三件铜器，为齐家文化进入青铜时代做了铺垫。甘肃东乡林家遗址和永登蒋家坪遗址各发现青铜刀一把，丰乐照壁滩发现红铜锥一件，另外在丰乐高苜蓿地还发现红铜块。这些是已知中国最早的铜器，青铜器早于或与红铜器同时出现，不足以证明马家窑文化进入了青铜时代，但可以充分否定东亚有红铜时代或铜石并用时代。因此，中国不可能是青铜冶金术的起源地。

齐家文化重要遗址齐家坪、皇娘娘台、海藏寺、大何庄、秦魏家、新庄坪、喇家、宗日、磨沟、尕马台、沈那等均出土了铜器，总计数百件，器类有刀、锥、斧、镰、矛、凿、匕、环、泡、镜、牌等和铜渣。沈那遗址出土的铜矛长达 62 厘米，宽 20 厘米，是迄今所知东亚最大的一件铜矛。铜器的制作采用冷锻法和范铸法，刀、锥以锻为主，斧、矛、镜多用范铸。铜器经光谱定性和电子探针等方法鉴定，成分有红铜和青铜之分，后者包括砷青铜、铅青铜、锡青铜和铅锡青铜。应有尽有，齐家文化已进入青铜时代。

青铜冶炼和铸造是高度复杂的技术活动，不可能是一人一时一地完成的，有一个不断摸索改进和完善的过程，是众人协作的结果。在旧大陆不大可能有两个独立的起源①，尽管有人坚持巴尔干②(Balkans)和伊比利亚③ (Iberian) 半岛是冶金术的独立发源地。冶金术的具体起源地还难以确定。巴尔干到安纳托利亚一带早在 7000 年前已开始冶金实践，5000 年前已发明了冷锻法、热锻法、范铸法和失蜡法，不同比例的砷青铜、锡青铜、铅青铜或铅锡青铜也相继发明。也就是说 4000 年前西亚、中亚已进入青铜时代的鼎盛时期，主要的青铜冶铸技术均已发明，并对周围世界产生重大影响。

安诺文化(Anau Culture)是中亚铜石并用时代文化，纳马兹加文化(Nomazga IV-VI Culture)、阿凡纳谢沃文化 (Afanasievo Culture)、辛塔什塔 - 彼德罗夫卡文化(Sintashta-petrovka Culture)、安德罗诺沃文化(Andronovo Culture)标志着中亚及其附近地区 4000 年前左右进入了青铜时代。常见的青铜器是刀子、凿、针、锥、耳环、指环、斧、剑、头盔、镞、镜、马衔等。④这些文化有一个共同的特点是畜牧业和父权日益发展而种植业和母权萎缩。金芭坦丝将其中畜牧业和父权占明显优势的文化称为库尔干(Kurgan)文化，认为是原始印欧人孕育了游牧文化，并且改变了欧洲和其他地区的社会进程和文化格局。⑤

齐家文化遗址出土一批数量可观的红铜器和青铜器，数量和种数都多于二里头文化。安志敏对中国早期铜器做了细致的分析，认为中国西北地区特别是齐家文化铜器的发展远胜于当时的中原地区，推测中国西北地区可能首先接触使用铜器，并影响了中原铜器的发展。⑥与齐家玉文化源于东方相反，齐家铜文化只能来自西方。

新疆地区青铜时代遗址的发掘和研究填补了青铜冶铸技术由西向东传播的空白。⑦近年来在新疆东部哈密地区发掘了天山北路墓地，出土铜器 1000 多件，种类丰富，工具有刀、锥、斧、锛、凿等，装饰品有手镯、耳环、扣饰、泡饰、管饰、连珠形饰等，此外还出土有铜剑和铜镜。整个墓地分为四期，四期都有一定比例的铜器：一期铜器有刀、泡饰、方形铜牌饰；二期出现环首刀、联珠形饰、扣饰；三期除仍有一定数量的环首刀、锥、扣饰，还开始出现空首斧、套管式锛、铜镜；四期出现铜剑、镰形刀。⑧其中89件铜器的成分分析和组织检验结果表明器物材质以锡青铜为主，含砷铜器也占有较大比例；铜器有多种制作方法，锻造的比铸造的略多。这些铜器与周边地区的青铜文化联系紧密，特别是与甘肃四坝文化的铜器有较密切的关系。⑨小河墓地最近发掘了167座，出土文物上千件，其中有三件铜片：检测表明一块锡青铜，一块砷铜，一块是含锡和砷的三元合金。⑩

古墓沟文化遗址⑪的发掘和研究表明大约四千年前新疆部分地区已进入青铜时代⑫，且与中亚、西亚、中原均有联系。⑬梅建军等认为安德罗诺沃文化对新疆青铜文化的影响是明显的。⑭库兹美娜指出是欧亚大草原的牧羊人在青铜文化传播过程中起了关键作用。⑮新疆地区与甘肃地区青铜文化的联系亦异常密切⑯。四坝文化⑰、齐家文化⑱、朱开沟文化⑲是青铜文化由西北向西南、东北、中原传播的中继站。三星堆⑳、大甸子㉑、二里头㉒遗址的青铜器可能是本地制造的，但亦是文化传播的结果；上述地区不太可能是冶金术的起源地。中原，特别是夏商统治的中心地区缺铅少锡，铜锭亦来自周边；二里头、二里岗和殷墟都只是青铜的铸造中心。

限于时间和篇幅，本章仅探讨齐家文化刀、矛、斧和镜、牌的来龙去脉。

二、刀剑与斧矛

刀、剑是古人随身携带的生活工具或防身武器，广泛分布于欧亚大陆。研究表明西亚和中亚的短剑较为古朴。㉓东亚的剑种类繁多，且异常精致。㉔林梅村将考古学与语言学相结合论证了中国佩剑之俗起于西北游牧民，而青铜剑在商周之际传入中国北方草原、巴蜀地区和中原与印欧人在东方的活动有关。㉕剑在古代汉语中又称径路或轻吕，显然是外来词。汉代匈奴将径路神当作九天神之一，是战神的代名词；在汉匈交叠的地区曾有祭祀剑神的寺庙。㉖《汉书·地理志》云："云阳有休屠金人及径路神祠三所。"这是古代波斯和斯基泰人剑崇拜文化的延续。

刀比剑更古老，分布更广泛，亦经历了大致相同的传播过程。齐家文化时代骨柄铜刃刀、红铜刀和青铜刀不约而同地传播到了东亚，难分先后。皇娘娘台遗址出土红铜刀两件，一件长 18 厘米、浇铸、有柄、弧刃、前部上翘，一件残长 6.7 厘米、锻制、直背凹刃；锥三件，其中两件四棱体圆锥尖，一件圆锥形已变形；还有钻头两件。㉗

1976 年临夏回族自治州文物普查在临夏县莲花公社魏家台子东侧

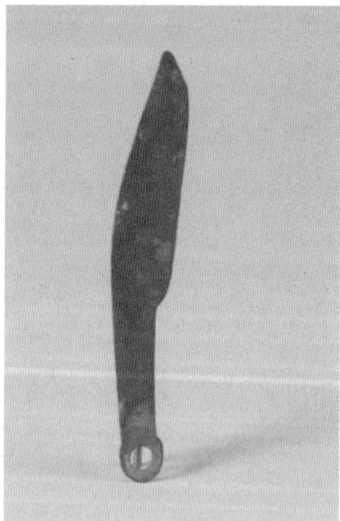

| 图 3–1 康乐县苏集乡塔关村出土环首曲背铜刀（王裕昌提供）

| 图 3–2 武威皇娘娘台遗址出土铜刀（王裕昌提供）

齐家文化遗址灰层中采集到一把骨柄铜刃刀。刀柄末端已断失，残长7.2厘米、宽1.6厘米。[28]青海省互助土族自治县总寨遗址共发现齐家文化墓葬10座，其中3座墓（M1、M5、M7）中随葬有铜器。随葬铜器只有刀和锥两种器型，共出土6件，其中4件安装有骨柄。[29]

1982年甘肃省岷县文化馆对杏林遗址进行了调查，齐家文化层采集到一件环首铜刀，刃部有使用痕迹，为红铜铸造。[30]甘肃省康乐商罐地出土一把环首刀，经鉴定为青铜。

无论红铜刀、骨柄铜刀还是环首刀在东方都没有先例，但可以在中亚找到祖型。

青海西宁沈那铜矛横空出世，是塞伊玛-图尔宾诺青铜兵器东进的极好例证。[31]1997年在H74中出土的一件大型铜矛举世罕见：巨型阔叶带钩铜矛长61.5厘米，宽19.5厘米，叶中部两面有高1.5厘米的脊梁，銎与刃部结合处有一刺钩，属齐家文化[32]，被鉴定为国家一级文物。沈那遗址位于青海省西宁市城北区小桥村，1992年和1993年青海省文物考古研究所及西宁市文物管理所曾对沈那遗址进行试掘，总面积约400×250米，呈长方形，共揭露面积2000平方米，清理房屋5座，灰坑10个，墓葬8座，出土石器有石斧、石刀、石凿、石璧、石镞、盘状器、骨锥、骨针、骨镞各类文物万余件。[33]遗址的文化内涵以齐家文化为主，伴有少量的马家窑文化和卡约文化遗存，距今4000年左右。

2008年河南省淅川下王岗遗址考古发掘中，T2H181集中出土了4件铜矛，惊动国内文物界。4件铜矛均长37厘米、宽12.5厘米，圆锋宽叶，箭部带大弯钩，与青海西宁沈那遗址采集到的铜矛形制一致，似源于西伯利亚草原公元前2000年前后的铜矛。此类铜矛全世界也仅有几十件，陕西省历史博物院和山西省博物院各藏一件（出土地不详），国家博物馆和辽宁省博物馆亦有收藏。

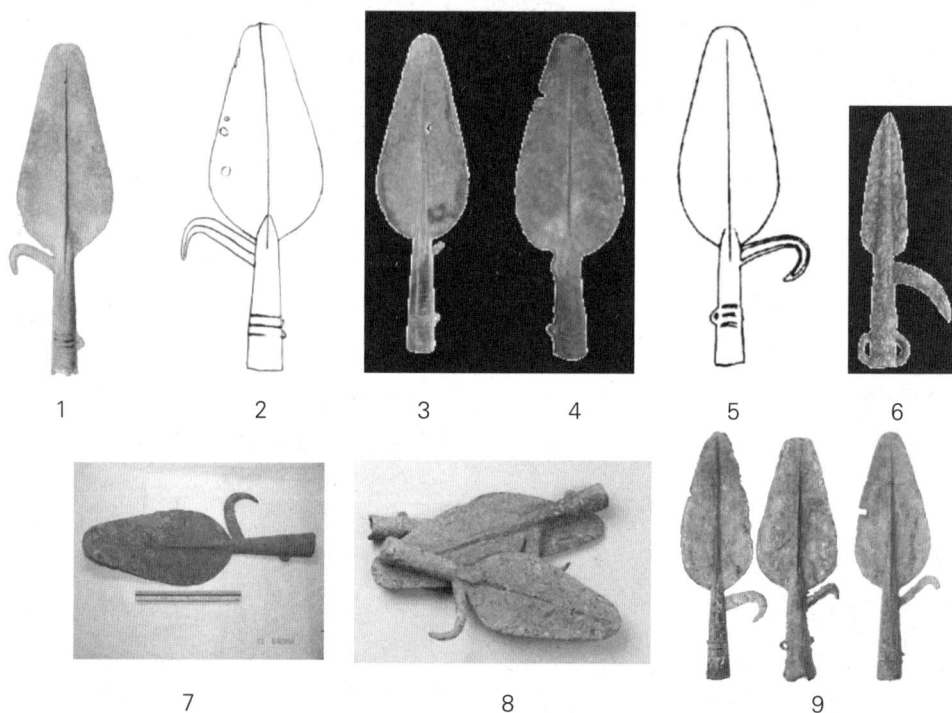

| 图 3-3　中国境内的塞伊玛 – 图尔宾诺式倒钩铜矛

1.青海西宁沈那（Ab 型）2.陕西省历史博物馆（Ab 型）3.山西工艺美术馆（Aa 型）
4.山西省博物院（Ab 型）5.中国国家博物馆（Ab 型）6.安阳殷墟刘家庄北地 M33（B 型）7. 8.河南淅川下王岗 H181（Ab 型）9.河南南阳市博物馆（Ab 型）
（引自高江涛：《试论中国境内出土的塞伊玛 – 图尔宾诺式倒钩铜矛》，《齐家文化与华夏文明国际会议论文集》，广河，2015 年。）

出土铜矛引起国内文物专家广泛关注。中国社会科学院考古研究所为此曾邀请国内考古专家观摩，围绕铜矛的年代、形制、文化性质、文化背景等一系列问题展开讨论。专家们认为铜矛的时代不晚于西周，不早于龙山。一旦铜矛的具体年代定了，我国境内发现的其他同类形制的铜矛年代也可参照下王岗铜矛而定。这些青铜器反映了东、西方早期青铜文化的交流，以及早期冶金技术在中国的扩散问题。这四件铜矛是文

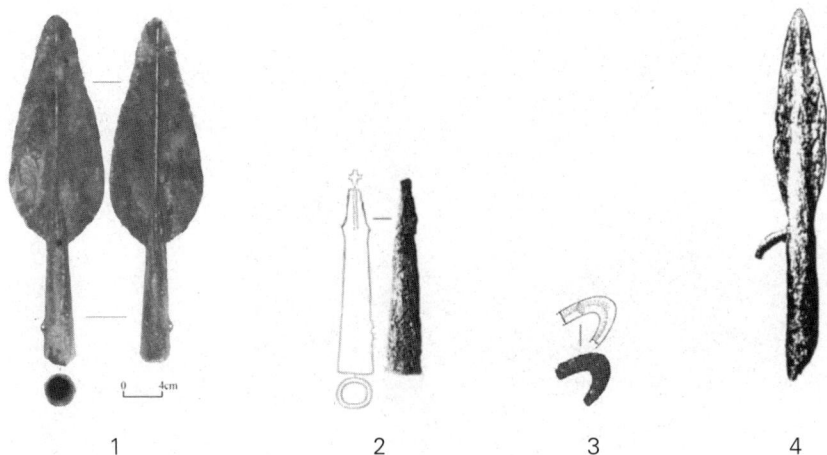

图3-4　与塞伊玛－图尔宾诺式倒钩铜矛密切相关的铜器 |

1.辽宁朝阳南双庙　2.淅川下王岗 T19①:158　3.淅川下王岗 T15②A:39
4.俄罗斯的外贝加尔(ZABAYKAL)边疆区东部
（引自高江涛:《试论中国境内出土的塞伊玛－图尔宾诺式倒钩铜矛》,《齐家文化
与华夏文明国际会议论文集》,广河,2015 年。）

化跨区域传播的证据, 按照目前掌握的情况, 应该是自欧亚草原到甘肃、陕西, 再沿丹江下来到了淅川。[㉞]下王岗、东龙山遗址与齐家文化的联系不是偶然。

甘肃广河齐家坪和岷县杏林遗址采集到两件空首斧, 准确年代还难以确认; 一般认为属齐家文化晚期, 是目前公认东亚最早的铜空首斧。两件空首斧均带耳, 且为红铜, 亦显示了其相对原始。广河齐家坪遗址空首斧长方形銎, 器身厚重瘦长, 有双耳。[㉟]岷县杏林空首斧较短, 素面单耳, 相对更原始。[㊱]

塞伊玛－图尔宾诺遗存(Seima-Turbino)是欧亚草原青铜时代考古最重要的问题之一, 从最早 1912 年塞伊玛墓地的发掘至今, 很多学者对该类型遗存都提出过自己的见解。直到 20 世纪 80 年代末, 俄罗斯学者切尔内赫对塞伊玛－图尔宾诺类型遗存进行了较为全面的总结和分析,

图3-5 磨沟遗址出土青铜斧（毛瑞林提供）

提出了塞伊玛－图尔宾诺跨文化现象概念。塞伊玛－图尔宾诺是分布于西西伯利亚和东欧平原的一种青铜文化，典型遗址为俄罗斯塞伊玛、图尔宾诺、萨特加、列叶诺耶和罗斯托夫卡，大约存在于公元前22—前17世纪。㉜鄂木斯克(Omsk)州位于俄罗斯秋明州与新西伯利亚州之间，南临哈萨克斯坦共和国，额尔齐斯河自南向北贯通全州，州府附近的茹斯托夫卡(Rostov-ka)离东亚较近便。㉝

齐家文化属于欧亚冶金区，受到了塞伊玛－图尔宾诺现象的明显影响。主要依据就是两文化在器物型制上的相似性，主要器型有环首刀、骨柄铜刀、带耳空首斧和铜矛。齐家文化出土的环首刀、空首斧、骨柄铜刀，同类器型在四坝文化、天山北路墓地都有大量出土。空首斧总体器型都较细长，刃部较平，型制上与塞伊玛－图尔宾诺现象同类器更接近。环首刀在这三支早期铜器文化中数量很多，是这一地区的典型铜器，柄部大多没有装饰。可见这组器物是中国西北地区早期铜器的共同器物类型，与塞伊玛－图尔宾诺现象同类器相比具有较强的原始性。环首刀、空首斧等铜器在中国西北地区突然出现只能用塞伊玛－图尔宾诺现象解释。㉞作为旁证，安德罗诺沃文化对中国早期铜器的影响是清楚的。林沄和李水城都做过分析，安德罗诺沃文化的套管式铜锛、镰形刀、喇叭形口耳环(或鬓环)在天山北路墓地、四坝文化中都有出土，并一直传播到燕山南北地区夏家店下层文化和大坨头文化。安德罗诺沃文化对中国西北地区早期铜器的影响随距离增大影响逐渐减弱，位于河西走廊地区的四坝文化中除喇叭形口耳环和套管式铜锛外，已很少见到其他器型。河湟地区的齐家文化铜器中不见有安德罗诺沃文化的典型铜器，可能是安德罗诺沃文化影响到河湟地区时齐家文化已经结束。

三、铜镜与铜牌

　　1974—1975 年，甘肃省文物考古研究所在广河县齐家坪进行了一次较大规模的考古发掘。在 M41 号墓葬发掘出一面铜镜，直径 6 厘米，厚 0.3 厘米，镜面光素无饰、扁平，背面中央有桥形钮，钮高 0.5 厘米，一次范模浇铸成型，钮部有锻饰痕迹，现存于甘肃省文物考古研究所。

　　其实尕马台铜镜可能要更早一些。尕马台墓地位于青海省海南藏族自治州贵南县拉乙亥乡昂索村，已被

图 3-6　齐家坪遗址出土铜镜(王辉提供)

龙羊峡水库淹没。1977 年青海省文物考古队与北京大学历史系考古专业联合对墓地进行了发掘，共清理墓葬 43 座，出土文物万余件。25 号墓中出土一件七角星几何纹图案的铜镜，也被认为是目前已知我国铜镜

最早的实物。

乌鲁木齐萨恩萨伊墓地中 M38、M45、M47 属于切尔木切克类型，碳十四数据测年为距今 3890 年，"铜器有素面铜镜、权杖、铜碗等"[40]。M113 出土的铜镜与哈密天山北路墓地、和静莫呼查汗墓地、河南安阳殷墟妇好墓出土铜镜风格相同，镜背凸弦纹之间连以细密的短直线呈放射状或旋转状，显然是文化传播与影响的结果。[41]

青铜镜是不属于所谓"斯基泰三合一"（Scythian triad：兵器、马具、动物纹饰）的一种特殊青铜器，亦广泛分布于欧亚大陆。中国较早的铜镜见于殷墟妇好墓，可能源于齐家文化。二里头文化铜镜的十字纹和齐家文化铜镜的七角星纹是巴克特利亚青铜文明的标志。[42]以水鉴容是中原农业民族传统映像方式；金属镜则可能来自西北游牧民族，直到春秋以前中原地区尚未流行。[43]

东亚青铜镜属于无柄镜系统。中亚土库曼斯坦纳马兹加文化出土了五千年前后带背纽的圆板形红铜镜，[44]塔吉克斯坦撒拉兹姆（Sarazm）亦出土了早于四千年的圆板形铜镜。[45]而安德诺沃文化遗址中既有圆板具钮镜，也有圆板具柄镜。西亚和欧洲流行有柄铜镜，主要用于梳妆，在东亚亦偶有发现。[46]有柄铜镜和无柄铜镜难分先后，比铜镜更古老的是黑曜石镜。已知最古老的黑曜石镜见于安那托利亚（今土耳其中南部），比现存最古老的铜镜早四千年左右。[47]

其实，铜镜也是巫师或萨满的法器，亦是陪葬用品。[48]齐家时代的铜镜绝不是个人梳妆用具，而是巫师或萨满的重要法器或礼器。萨满服上有大量铜镜，萨满用铜镜做法事。此外，红铜凹面镜是阳燧，可以取火。

青铜牌饰亦是重要法器或礼器。二里头出土青铜绿松石牌饰较早也较多，形式精美，绝不是原始形态。天水征集的齐家文化绿松石铜牌具有特别重要的意义。⑲从地理上看正好位于二里头、三星堆和天山北路遗址之间，我们可以对它进行重新解读。与二里头牌饰相比，天水牌饰显然更加原始。与三星堆铜牌比，天水铜牌的源头也在西北。在传播的过程中不断完美，类似的可能还有"夏后氏之璜"。

刘学堂提出天水发现的牌饰属于齐家文化，源于新疆天山北路文化；二里头遗址出土铜铃、铜镜等均是西北青铜文化影响的结果。⑳新疆哈密地区发现了四件更加原始或简朴的镂空铜牌饰，其中天山北路墓地 3 件，一件属于第一期，一件属于第四期。㉑天山北路墓地第一期遗存内涵复杂：第一组遗存和河西走廊地区的"过渡类型"内涵相似，年代和齐家文化大致同时；第二组是风格特殊的贯耳彩陶罐，和古墓沟及小河墓地发现的草编篓类似；第三组则是典型的四坝文化陶器。㉒天山北路墓地一期遗存牌饰的年代大致在公元前 2000—公元前 1500 年之间。另一件见于腐殖酸厂墓地，其最早的彩陶双耳罐年代与天山北路墓地第一、二段遗存相当。㉓

哈密地区所见的牌饰可能是祖型，其余牌饰可分为两类风格：甲类以四川盆地发现的牌饰为代表，几何化图案表明与哈密地区的牌饰联系更为紧密；乙类以二里头遗址以及甘肃天水发现的牌饰为代表，几何化纹饰逐渐演变为兽纹。㉔

宗日齐家文化遗址中镶嵌绿松石腕饰精细，而陶寺文化中绿松石镶嵌粗糙，由此可见二里头三、四期文化中精美镶嵌绿松石牌饰工艺上可能和齐家文化有关。㉕

从牌饰形态、穿系方式以及文化交流这些方面来讲，真武仓包包发现的三件牌饰和哈密地区牌饰的联系是无法忽视的。它能说明四川盆地牌饰的产生的确和新疆哈密地区是密切关联的。交流的路线最有可能是通过河西走廊，经川东北地区而传入四川盆地。镶嵌绿松石牌饰上的兽面纹与龙山时代晚期（良渚、石家河、龙山文化）玉器上的神面纹以及商周青铜器上的兽面纹之间差异巨大。根据广汉真武仓包包发现的 3 件牌饰的纹饰及穿系方式，可以肯定真武仓包包发现的牌饰是受到了哈密地区这一类牌饰的影响而产生的。二里头遗址中有铸铜作坊，同时还有大型的绿松石加工厂。二里头遗址制作绿松石牌饰的灵感可能来自西北方向。⑤

四、欧亚冶金区中的齐家文化

日本的绳文文化、韩国的有纹陶器文化和中国的新石器时代文化都没有孕育青铜和游牧文化的迹象。日本学者早就明确承认日本的青铜与游牧文化源于中国或韩国⑤，韩国学者也承认其青铜或游牧文化来源于中国或中亚，只是传播的具体时间和途径还存有争议。⑤中国学者也乐意承认中国与日本、韩国青铜文化的源流关系。⑤现在该是中国学者坦率承认青铜与游牧文化是东亚新文化，来源于中亚或西亚。东亚考古发掘和研究表明大约从夏代开始出现了一系列新文化因素：青铜、黄牛、家马、山羊、绵羊、金崇拜以及支石墓和火葬，游牧文化和尚武好战之风席卷东亚。

总之，从技术史的角度考察，无论红铜冶炼、范铸法、失蜡法还是砷青铜、锡青铜、铅青铜、锡铅青铜都是西亚早于东亚。东亚青铜时代鼎盛时期(商末周初)，西亚赫梯已进入铁器时代。而且铜以外的其他金属如金、银、铁等冶炼东亚亦不早于西亚。⑥一直到汉代中国冶金技术才真正领先世界。⑥泰列克特等主张的青铜冶炼铸造技术由西向东传播的假说仍未遇到有力的反证。但是从器物类型考察，青铜鼎、鍑⑥、鬲、爵、戈、戟、编钟、多珠铃、大铎、巴形器等颇具东方特色，很可能是东亚的创作，并有反向传播的可能。从乌拉尔到黄河流域，在考古冶金学上已没有明显的缺环。⑥公元前 2000 年以后，西亚、中亚、东亚之间存在一条西东文化交流的青铜之路；传播的不只是青铜技术和青铜器，而且包括众多的物资和观念，如牛、马、羊及相关技术。⑭

世界冶金考古权威切尔内赫在《苏联古代冶金》中提出三个冶金区学说：七千年前左右形成了铜石并用或红铜时代的巴尔干－喀尔巴阡冶金区，五千年前左右率先进入青铜时代的环黑海冶金区，四千年前左右青铜普及形成欧亚冶金区，随后中亚兴起了塞伊玛－图尔宾诺现象影响到了欧亚两大洲。⑮最近他还用其"三区"学说来阐明草原带畜牧文化的形成史。⑯

巴尔干－喀尔巴阡冶金区主要生产金、银、红铜装饰品、工具和武器，年代在公元前 6000 年，峰值在公元前 4500 年。典型遗址有出土金器著名的保加利亚瓦尔纳墓地，被公认为世界最早出土金属器的遗址。库库田－特利波里文化以红铜制品为主，是此冶金区代表性文化。

公元前 3000 年左右环黑海青铜冶金区形成，取代了巴尔干－喀尔巴阡冶金区成为草原文化带新中心，范围扩大到五百万平方公里。首先发明了砷铜合金，相继发明了锡铜、铅铜和锡铅铜合金。高加索地区迈科普文化中金银器和青铜制品是代表，随后是库尔干文化或竖穴墓、洞室墓文化。从前普遍认为洞室墓文化取代了竖穴墓文化，现在看来只是部分取代，更多是平行发展。两者年代大体重叠于公元前 27—公元前 21 世纪，竖穴墓上限早几百年，洞室墓下限晚几百年；洞室墓文化共同体金属加工技术更加成熟或先进。

四千年前左右进入青铜时代晚期形成了欧亚大陆冶金区，孕育于环黑海冶金区，普及到了几乎整个欧亚草原及其附近地区，分布达八百万平方公里。阿巴舍沃－辛塔什塔文化兴起于黑海北部，向东发展到西西伯利亚草原树林地带；塞伊玛－图尔宾诺现象可能源自萨彦－阿尔泰草原和森林地带，向西出现在东欧草原。随后欧亚大草原西部出现了木椁墓文化，中部兴起了安德诺沃文化，草原带畜牧文化进入了稳定成熟期。

欧亚草原文化因素在我国西北地区铜器发展中起了重大的作用。中国西北地区从齐家文化晚期开始出现了许多新器型如铜镜、环手刀、空首斧、方形或圆形牌饰、蝶形牌饰，这些类型的铜器在齐家文化晚期、四坝文化、天山北路墓地都大量出现，是中国西北地区夏纪年时期的重要铜器组合。这些类型的铜器与西北地区龙山时代以简单工具为主的铜器特征有很大的不同，其出现和发展具有很强的突然性，在本地早期的铜器中未发现这类铜器的祖型，在欧亚草原铜器文化中这些器型同样也很少见。齐家文化不同类型红铜和青铜器的出土表明全面系统地吸收了三个冶金区的文化，受到了塞伊玛－图尔宾诺现象的明显影响，标志着甘青地区在东亚率先进入欧亚大陆冶金区。

齐家文化正处在东亚与中亚文化传统的交汇地，从铜器特征上可以看到齐家文化时代还没有形成中原铜器传统。商代大量青铜礼器或容器的出现才标志着中原青铜传统的形成。夏代中国中原地区与西北地区铜器特征基本一致，都以装饰品、简单工具为主，少量复杂的礼器或法器。四坝文化，新疆哈密地区天山北路墓地都出土有大量的早期铜器，分布时间和地域都与齐家文化很接近，铜器的交流与联系也很密切。

齐家、四坝和天山北路文化大同小异、紧密相关，均是欧亚冶金区的重要组成部分。四坝文化出土铜器 270 余件，这些铜器大多出土于墓葬中；其中火烧沟墓地 100 多座铜器墓中出土铜器 200 多件，比齐家文化铜器随葬比例要高得多。四坝文化铜器以工具和装饰品为主，主要器型有刀、锥、斧、耳环、指环、手镯、扣、泡、连珠饰等，另外四坝文化已经出现了四羊首权杖头这样铸造水平极高的铜器，可见四坝文化的铜器较齐家文化又有了更进一步的发展。天山北路出土铜器与四坝文化铜器比较接近，但器型更多样，铜牌饰、铜剑都是新出现的器型。齐家文化衰弱后，西北冶金区铜器仍继续发展，出现了大量扣饰、联珠形饰、镰形刀、耳环、铜镞等新器型，逐渐流行起来。齐家文化时代甘青地区与包括新疆在内的中亚地区青铜文化密不可分，齐家文化青铜器是欧亚冶金区的有机组成部分。

历史记载表明夏代已进入青铜时代。《史记·夏本纪》主要记述大禹治水的故事，他手执木耒或骨耜，显然还没有进入青铜时代。治水成功之后铸九鼎表明已经掌握了青铜铸造技术。《禹贡》中有"贡金三品"的记载，亦可佐证进入了金属文明时代。甘之战大动干戈，是夏代首场大战。

遗址名称	标本单位	样品编号	高精度校正年代
桥村	H14	ZK0741	公元前 2183—前 1979
西山坪	T1③	ZK2149	公元前 2140—前 1529
	T10F1	ZK2205	公元前 2138—前 1906
大何庄	F7	ZK0015	公元前 2114—前 1777
	F7	ZK0023	公元前 2030—前 1748
柳湾	M392	ZK0347	公元前 1970—前 1630

齐家文化绝对年代的碳十四数据十分有限，可直接参考的有 6 个（中国社会科学院考古研究所：《中国考古学·夏商卷》，中国社会科学出版社，2003 年，第 539 页）。

夏代进入了青铜时代，在夏代纪年内东亚有青铜器特别是青铜兵器的代表性文化是齐家文化和二里头文化。齐家文化晚于仰韶或马家窑文化，早于四坝、卡约、辛店文化；也就是说齐家文化是马家窑文化基础上发展起来的，孕育了四坝、卡约、辛店文化；绝对年代距今约为4100—3600。从考古学角度看，齐家文化是新石器时代到青铜时代的过渡文化，有人称之为铜石并用文化。数以百计的大量青铜器的发现表明齐家文化已进入了青铜时代，是已知东亚最早的青铜文化。从历史看，齐家文化时代正是史前史向历史过渡期，有人称之为原史(proto-history)，大体与夏代相始终。

注释:

①Wertime T. A.: The Beginning of Metallurgy: A New Look, *Science*, Vol. 182, 875-87, 1973.

②Renfrew C.: The Autonomy of the South East Copper Age, *Proceedings of Prehistoric Society*, 35, 12-47, 1967.

③Ruiz-Taboada A. et al: The Oldest Metallurgy in Western Europe, *Antiquity*, Vol. 73, 1999.

④Jettmar K.: The Altai before the Turks, *BMFEA* 23, 135-223, 1953.

⑤Gimbutas, M.: *Bronze Age Cultures in Central and Eastern Europe*, London: Monton, 1965.

⑥安志敏:《试论中国的早期铜器》,《考古》1993 年第 12 期。

⑦Mair Victor H. ed.: *The Bronze Age and Early Iron Age Peoples of Eastern Central Asia*, The Institute for the Study of Man, University of Pennsylvania Museum Publications, 1998.

⑧吕恩国等:《新疆青铜时代考古文化浅论》,《苏秉琦与当代中国考古学》,科学出版社, 2001 年。

⑨潜伟等:《新疆哈密天山北路墓地出土铜器的初步研究》,《文物》2001 年第 6 期。

⑩陈坤龙等:《小河墓地出土二件铜片的初步分析》,《新疆文物》2007 年第 2 期。

⑪王炳华:《孔雀河古墓沟发掘及其初步研究》,《新疆社会科学》1983 年第 1 期。

⑫陈光祖著,张川译:《新疆金属器时代》,《新疆文物》1995 年第 1 期。

⑬李水城:《从考古发现看公元前二千纪东西文化的碰撞与交流》,《新疆文物》

1999 年第 1 期。

⑭Mei Jianjun.: *Copper and Bronze Metallurgy in late Prehistoric Xingjiang*, BAR International Series 865, 2000.

⑮Kuzmina E.E.: Cultural Connections of the Tarim Basin People and Pastoralists of the Asian Steppes in the Bronze Age, in Mair V.M. ed.: *The Bronze Age and Early Iron Age Peoples of Eastern Central Asia*, 63-93.

⑯梅建军等：《新疆东部地区出土早期铜器的初步分析和研究》，《西域研究》2002 年第 2 期。

⑰李水城等：《四坝文化铜器研究》，《文物》2000 年第 3 期。

⑱Fitzgerald-Huber L.G.: Qijia and Erlitou: the Question of Contacts with Distant Culture, *Early China*, 20, 17-67, 1995.

⑲Linduff M. K.: Zhukaigou, Steppe Culture and the Rise of Chinese Civilization, *Antiquity*, Vol.69, 133-45, 1995.

⑳段渝：《商代蜀国青铜雕像文化来源和功能之再探讨》，《四川大学学报》1991 年第 2 期。

㉑李延祥等：《大甸子墓地出土铜器初步研究》，《文物》2003 年第 7 期。

㉒金正耀：《二里头青铜器的自然科学研究与夏文化探索》，《文物》2000 年第 1 期。

㉓Long C. R.: The Lasithi Dagger, *American Journal of Archaeology*, Vol. 82, No.1, 35-46, 1978.

㉔靳枫毅：《论中国东北地区含曲刃青铜短剑的文化遗存》，《考古学报》1982 年第 4 期、1983 年第 1 期。

㉕林梅村：《商周青铜剑渊源考》，《汉唐西域与古代文明》，文物出版社，1998 年。

㉖Kao Chu Hsun: The Ching Lu Shen Shrines of Han Sword Worship in Hsiung Nu Religion, *Central Asia Journal*, Vol.5, No.3, .221-231, 1960. 高去寻：《径路神祠》，"国立"历史博物馆编：《包遵彭先生纪念论文集》，台北，1971 年。

㉗甘肃省博物馆：《甘肃武威皇娘娘台第四次发掘报告》，《考古学报》1978 年第 4 期。

㉘田毓璋：《甘肃临夏发现齐家文化骨柄铜刃刀》，《文物》，1983 年第 1 期。

㉙青海省文物考古队：《青海互助土族自治县总寨马厂、齐家、辛店文化墓葬》，《考古》1986 年第 4 期。

㉚甘肃岷县文化馆：《甘肃岷县杏林齐家文化遗址调查》，《考古》1985 年第 11 期。

㉛Jianjun Mei: Qijia and Seima-Turbino: The Question of Early Contacts between Northwest China and the Eurasian Steppe, *BMFEA* No. 75, 2003.

㉜王国道：《青海早期铜器的讨论》，《青海社会科学》1999 年第 6 期。

㉝王国道：《西宁市沈那齐家文化遗址》，《中国考古学年鉴·1993》，文物出版社，1995 年。

㉞高江涛：《河南淅川下王岗遗址出土铜矛观摩座谈会纪要》，《中国文物报》2009 年 3 月 6 日第七版。

㉟严文明：《论中国的铜石并用时代》，《史前研究》1984 年第 1 期。

㊱甘肃岷县文化馆：《甘肃岷县杏林齐家文化遗址调查》，《考古》1985 年第 11 期。

㊲切尔内赫等著，王博等译：《欧亚大陆北部的古代冶金：塞伊玛－图尔宾诺现象》，中华书局，2012 年。

㊳E. N. Chernykh: *Ancient Metallurgy in the USSR*, Cambridge University Press，1992.

H. Parzinger: Seima-Turbino phenomenon and formation of the Siberian Animal style. *Archeology, Ethnography and Anthropology* I：66-75, 2000. 梅建军译本见《新疆文物》2003 年第 1 期。

㊴邵会秋、杨建华：《塞伊玛－图尔宾诺遗存与空首斧的传布》，《边疆考古研究》第十辑，科学出版社，2011 年。

㊵奇台县文化馆：《新疆奇台县发现石器时代遗址与古墓》，《考古学集刊》 （二），

中国社会科学出版社，1982 年，第 22—24 页。

㊶新疆文物考古研究所编著：《新疆萨恩萨伊墓地》，文物出版社，2013 年，第 166 页。

㊷Fitzgerald-Huber, L.G.: Qijia and Erlitou: the Question of Contacts with Distant Culture, *Early China*, 20, pp.17-67, 1995.

㊸宋新潮：《中国早期铜镜及其相关问题》，《考古学报》1997 年第 2 期。

㊹Chernykh E.N.: *Ancient Metallurgy in the USSR*, p.30. Cambridge·University Press,1992.

㊺Masson V.M. et al: *Sarazm*, Donish,1991. figure 64. 转引自梅建军：《关于新疆出土早期铜镜研究的几个问题》，《吐鲁番学研究——第二届吐鲁番学国际研讨会论文集》，上海辞书出版社，2006 年。

㊻霍巍：《西藏拉萨曲贡村石室出土带柄铜镜及相关问题初步研究》，《考古》1994 年第 7 期。

㊼Enoch Jay M.: History of Mirrors Dating back 8000 years, *Optometry & Vision Science*, 83(10), 775-781, 2006.

㊽西汉齐王墓"龙纹矩形铜镜"，长 115.1 厘米，宽 57.5 厘米，重 56.5 公斤，1980 年山东淄博大武乡窝托村古墓五号陪葬坑出土，现藏于山东省淄博博物馆。

㊾张天恩：《天水出土的兽面铜牌饰及有关问题》，《中原文物》2002 年第 1 期，第 43—46 页。

㊿刘学堂、李文瑛：《中国早期青铜文化的起源及其相关问题新探》，《藏学学刊》第 3 辑，四川大学出版社，2007 年，第 1—63 页。

51吕恩国、常喜恩、王炳华：《新疆青铜时代考古文化浅识》，《苏秉琦与当代中国考古学》，科学出版社，2001 年；北京科技大学冶金与材料史研究所等：《新疆哈密天山北路墓地出土青铜器的初步研究》，《文物》2001 年第 6 期。

51李水城：《天山北路墓地一期遗存分析》，《俞伟超先生纪念文集·学术卷》，文物出版社，2009 年。

52张承安、常喜恩：《哈密腐殖酸厂墓地调查》，《新疆文物》1998 年第 1 期。

⑭陈小三：《试论镶嵌绿松石牌饰的来源》，附录于《河西走廊及其邻近地区早期青铜时代遗存研究——以齐家、四坝文化为中心》，吉林大学博士论文，2012 年。

⑮杨美莉：《中国二里头文化の象嵌トルコ石铜牌》，《MIHO MUSEUM 研究纪要》3号，2002 年。

⑯陈小三：《试论镶嵌绿松石牌饰的来源》，附录于《河西走廊及其邻近地区早期青铜时代遗存研究——以齐家、四坝文化为中心》，吉林大学博士论文，2012 年。

⑰江上波夫著，张承志译：《骑马民族国家》，光明日报出版社，1987 年。

Keiji Imamura: *Prehistoric Japan: New Perspectives on Insular East Asia*, University of Hawaii Press, 1996.

⑱Pak Yangjin: *A Study of the Bronze Age Culture in the Northern Zone of China*, 397-405, Ph.D Dissertation, Harvard University, 1995.

Kim Won-yong: The Bronze Age in Korea, pp *in Art and Archaeology of Ancient Korea*, Taekwang Publishing Co. 1986, 95-104.

⑲王建新：《东北亚的青铜器文化》，同成社，1999 年。

王巍：《东亚地区古代铁器和冶铁术的传播与交流》，中国社会科学出版社，1999 年。

⑳唐际根：《中国冶铁术的起源问题》，《考古》1993 年第 6 期。

黄盛璋：《论中国早期(铜铁以外)的金属工艺》，《考古学报》1996 年第 2 期。

㉑李约瑟：《中国在铸铁冶炼方面的领先地位》，潘吉星主编：《李约瑟文集》，辽宁科学技术出版社，1986 年。

白云翔：《先秦两汉铁器的考古学研究》，科学出版社，2006 年。

㉒郭物：《青铜鍑在欧亚大陆的初传》，《欧亚学刊》第一辑，1999 年。

㉓Katheryn M. Linduff ed.: *Metallurgy in Ancient Eastern Eurasia from the Urals to the Yellow River*, The Edwin Mellen Press, 2004.

㉔易华：《青铜之路：上古西东文化交流概说》，《东亚古物》，文物出版社，2004 年。

㉕E. N. Chernykh: *Ancient Metallurgy in the USSR*, Cambridge: Cambridge University Press, 1992.

⑥⑥E.H. 切尔内赫：《欧亚大陆草原带畜牧文化的形成过程——从冶金考古和碳十四年代角度分析》，附录于《欧亚大陆北部的古代冶金：塞伊玛－图尔宾诺现象》，中华书局，2012 年，第 251—268 页。

第四章　琮璧刀戈圭璋璜

璧琮、刀戈、圭璋和玉璜均是齐家文化重要玉礼器，其中璜与璧琮组合，源自新石器时代良渚文化，刀戈组合和圭璋组合始于青铜时代。大玉刀和大玉璋主要流行于夏代，是夏文化的标志，亦是齐家文化的特色。玉器的盛衰表明齐家文化不仅是东亚文化的组成部分，亦反映了夏朝的时代特征和社会状况。自三代到秦汉再到隋唐直至明清，玉器发展除了雕琢工艺进步以外，其型制品种基本上没有脱离齐家文化玉器范畴，儒家文化主要礼器型制正是基于齐家文化玉器的基本造型。齐家文化玉器在东亚玉文化发展史上起了承上启下作用，应该是夏代玉器的重要组成部分。

一、引言

　　齐家玉器考古发掘品和政府博物馆藏品已上千件，民间或海外藏品估计有上万件。《中国出土玉器全集》收录了代表性的百余件，"各地齐家文化出土玉器数量之大，资料之丰富，引人瞩目"①，为我们研究齐家玉器提供了标本。但是，许多大器流传海外，不少重器在民间，传世精品大都收藏在两个故宫博物院和上海博物馆，参照研究才能见大象。

　　齐家玉器长期被忽视。20世纪90年代叶茂林等才着手考古实证研究。②黄宣佩研究了齐家文化玉礼器璧、琮和大玉刀。③杨伯达对甘肃齐家文化玉器进行鉴定，指出山东龙山、陕西龙山以及甘肃齐家"三支玉文化先后在中国的东部、北部及西部分别进入了自己的高峰期，遥相辉映，像三把火炬似地照亮通向文明时代的殿堂"④。不约而同，闻广通过对海内外玉器综合比较研究后指出，齐家玉器是继红山、良渚玉器之后中国大陆史前第三个玉文化高峰。⑤他们分别从纵横两方面充分肯定了齐家玉器的历史地位。

　　2013年中华玉文化中心主任、中国考古学会会长张忠培精心谋划在良渚博物馆主办了"玉器·玉文化·夏代中国文明展"，汇集中国境内夏时期玉器精品 193 件(组)，首次系统展示夏代玉器。朱乃诚以"时代巅峰冰山一角"为题进行解说，重点介绍了二里头文化、陶寺文化、石峁文化、西朱封龙山文化和夏家店下层文化玉器；指出璋是夏代文化的标志，玉璋的分布大致可以反映夏文化影响范围，而二里头文化的璋、玉戈、玉圭可以追溯到陶寺文化。⑥令人遗憾此次展览不是有意排除却完全忽略了齐家文化玉器。

庆幸的是最近邓淑苹发表了长篇论文《万邦玉帛》，以齐家玉器为中心探讨夏王朝的文化底蕴。⑦她对国内外玉器有系统观察和思考，1993年就提出了"华西系统玉器"概念，认为陶寺文化、石峁文化、齐家文化和月亮湾文化玉器大同小异，夏商周三代主要承袭华西玉器传统；二里头遗址出土的大玉刀、牙璋，明显属华西风格，夏代起玉戈成为重要的标示身份的瑞器，商周时流行的扇形璜也明显属于华西系。⑧

邓淑苹、朱乃诚论文信息异常丰富，观点亦鲜明清晰，可以作为齐家玉器研究的基础。此外，北京大学闫亚林、吉林大学王玉姝分别完成以齐家玉器为对象的博士、硕士论文，对齐家玉器进行了初步系统梳理。⑨甘肃博物馆王裕昌等正在对馆藏齐家文化玉器进行系统调查整理。⑩甘青宁地区玉质斧、铲、凿等生产工具在马家窑文化中已出现，璧、琮等礼器始见于齐家文化。本文重点探讨齐家文化玉礼器与夏之关联，不可能对齐家文化玉器进行全面论述。

二、璧与琮

玉石璧是齐家文化玉器中最常见的器物，几乎所有重要齐家文化遗址均有出土。齐家文化玉璧数以千计，大小形状不一，有圆形、椭圆形、方形和不规则形之分。其中考古发现最多的皇娘娘台遗址，多达近三百件，直径 3—30 厘米不等，器体厚薄不一，中心单面钻圆孔，一

图4-1 新庄坪遗址采集玉琮、玉璧和有领玉璧(2015)

面平整，一面倾斜，外缘基本呈圆形，常有崩缺，器面有截锯痕。[11]其中M48出土石璧83件，发掘者推测可能是财富的象征或具有货币功能。[12]

齐家玉石璧大都比较粗糙，精致的罕见。1981年在青海民和县喇家遗址出土两件玉璧比较大且精致：青灰玉璧直径17.9—19厘米，孔径5.8—6.5厘米，厚0.7厘米；青玉璧直径27—28厘米，孔径6.2—7厘米，厚1.2厘米。[13]甘肃省静宁县治平乡后柳沟村采集玉璧更精致，其中一件直径27.3厘米，孔径7厘米，厚0.78厘米；外缘不甚规整，素

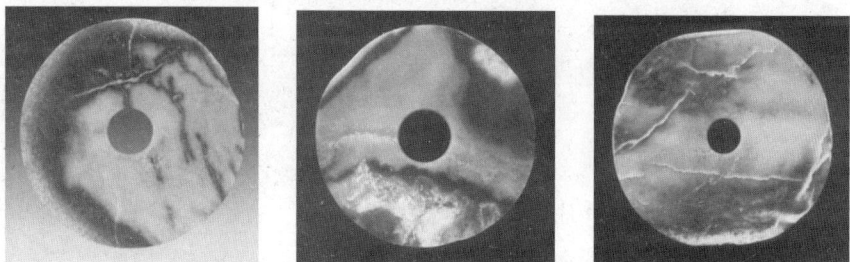

图4-2 静宁县治平乡后柳沟村采集大型小孔玉璧(王裕昌提供)

面无纹，现藏于静宁县博物馆。[14]甘肃省永靖县新坪乡新庄坪遗址亦出土了不大但较精致的璧，直径5.9厘米，表面光素无纹，边缘周正；孔壁留有明显的螺旋钻痕迹，未修整打磨，现藏于甘肃省博物馆。[15]宁夏隆德县文管所收藏了一件直径36厘米的大璧，出自沙塘乡和平村。[16]台北故宫典藏清宫旧物中有三件直径达37—39厘米的大璧，玉质与此璧相似。[17]上海博物馆藏有多件齐家文化传世玉璧，其中一件（54663）直径22.5厘米，孔径4.8—4.2厘米，厚1.9—0.7厘米，金粉书"宏

图4-3 静宁县治平乡后柳沟村采集玉琮(王裕昌提供)

璧"； 另一件更大的直径 25.1 厘米，孔径 5.9—5 厘米，厚 1.9 厘米，0.5 厘米，金粉书"宏璧镇圭尺十二寸"。⑱

　　齐家文化琮也并不罕见，数以百计，可分为方形、圆形和三棱形三个类型，基本上都是平素无纹的素琮。⑲采集收藏的很多，真正考古发掘的很少。师赵村出土两件玉琮是难得的标本。T409M8：1 边长 5.2—5.5 厘米，高 2.1—2.3 厘米，孔内径 4.2—4.5 厘米，射高 0.4—0.8 厘米，通高 3.4—3.9 厘米，重 138 克。⑳琮体不甚规整，一边高一边低，素面，表面保留有一些加工的痕迹。上海博物馆收藏了两件典型齐家风格玉琮，其中一件 (66555)高 18.8 厘米，阔 9.2—9.5 厘米，射高 3.7—3.8 厘米，孔径 6.8—7.15 厘米。㉑静宁七宝中有两件精加工的刻线纹或瓦棱纹玉琮是罕见的例外，杨伯达等鉴定为齐家文化国宝，是甘肃省博物馆镇馆之宝。瓦棱纹玉琮高 14.7 厘米，宽 8.2 厘米，射径

8.2 厘米，有十三节凹槽，器体打磨精致；刻线纹玉琮高 16.7 厘米，宽 7.2 厘米，射径 7.2 厘米，有五道一组的弦纹三组。[22]宁夏固原博物馆收藏了一件沙塘乡和平村出土的琮高 19.5 厘米。[23]1981 年戴应新在陕西长安上泉村征集到一件类似的玉琮高 20.7 厘米，现藏于陕西省博物馆。

目前正式出版的资料显示齐家风格最大的璧直径达 45.8 厘米，藏于美国华盛顿弗利尔美术馆；最高的琮高达 53.36 厘米，藏于美国迈阿密大学洛尔博物馆。[24]可能来自陕甘宁交汇的六盘山地区。静宁七宝并不是正式考古发掘品，偶然发现于静宁县治平乡后柳河村一窖藏或祭祀点，实际上是四对璧琮，有一璧已损坏被忽略不计。现藏于甘肃省博物馆齐家文化标志性的瓦棱纹玉琮器体打磨精致，很可能是周代改造的结果。[25]师赵村遗址琮和璧出在齐家文化第 8 号墓内，上下并排在一起。玉琮呈浅绿色，方柱形，中央纵穿一，琮边长 5.2—5.5 厘米，通高 3.4—3.9 厘米。玉璧呈墨绿色，致密光润，一面平整磨光，另一面留有一道切割的锯痕，璧径 18.4—18.6 厘米，厚 0.4—0.5 厘米。玉琮和玉璧的发现，说明齐家文化居民曾存在以璧、琮敛尸的丧葬习俗。

有一类特殊的璧称之联璜璧，有双璜、三璜、四璜、五璜、六璜之分，流行于齐家、石峁和陶寺文化，杨美莉称之为玉圆圈。[26]杨伯达认为是"小料大作"的结果。[27]我们见到过完整玉璧三分而未开的标本。师赵村遗址出土了 13 件玉器，以璜为主，皆作扇面形，两端穿孔。三璜联璧，即三璜缀合为一块完整的玉璧，环精致美观，外径 9.5—9.7 厘米。

叶茂林较早注意到甘青齐家文化璧多琮少现象，认为重璧轻琮是一种普遍现象。[28]罗丰分别考察了甘青与宁夏地区考古出土玉器，发现前者少琮，也少大器，后者多琮，也多大器。[29]邓淑苹推测齐家文化分布范

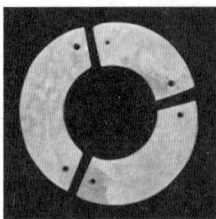

师赵村 1984KTT403②   河川大型三璜联璧   苏苗塬四璜联璧

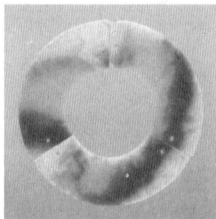

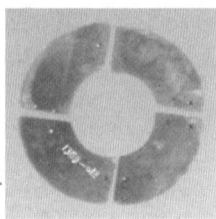

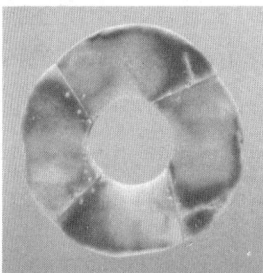

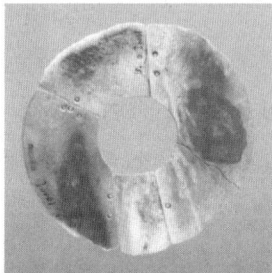

周沟村四璜联璧   页河子四璜联璧   页河子特大璜形玉片

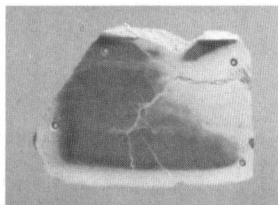

| 图 4-4 齐家文化联璜璧(引自朱乃诚:《素雅精致 陇西生辉——齐家文化玉器概论》,《齐家文化与华夏文明国际会议论文集》,广河,2015 年。)

围颇广，真正的最高中心址在固原地区，玉琮是最重要的礼器，特殊身份者才能使用大璧、大琮、大联璧来祭祀天地神明；甘青境内散居次级的齐家文化贵族，使用中、小尺寸的玉璧，平民就使用石璧来祭祀。[30]她还从殷墟安阳小屯丙组建筑基址下埋有一苍璧、一白璧的现象联想到齐家文化喇家遗址在屋内墙边地面平置似有祭祀意味的两件玉璧，认为"苍璧"是一件典型的华西玉璧。[31]

琮是良渚文化的标志，亦可看作中国玉文化的象征。熟读《诗经》，不见琮影，令人奇怪！考古研究表明商周时期玉琮已趋于衰落。[32]《诗经》中有璧无琮值得我们思考。

王仁湘注意到天、天子、辟、璧是一组同义词，地、后、宗、琮是对应的另一组同义词，辟与宗是理解璧与琮的门径。[33]《诗经》中的"辟王"就是周天子。《大雅·棫朴》："济济辟王，左右趣之。济济辟王，左右奉璋。"《周颂·载见》："载见辟王，曰求厥章。"《尚书》中的"辟"亦指君王或天子。《尧典》："嗣王戒哉，祗尔厥辟。"《洪范》："惟辟作福，惟辟作威，惟辟玉食。"《尔雅》云皇，后也；辟，君也。《礼记·王制》云："天子之学曰辟雍。"《韩诗外传》云辟雍"圆如璧，雍之水"。《论衡》称之为"璧雍"。享天子以璧，以璧祭天顺理成章。

安克斯（Erkes）早就注意到琮象征地母女阴，其上驵纹近似坤卦。高本汉(B.Karlgren)认为琮是宗庙里盛"且"的石函。琮与大地和女性关系密切。《玉人》："驵琮五寸，宗后以为权。大琮十有二寸，射四寸，厚寸，是谓内镇，宗后守之。"享宗后以琮，以琮礼地亦十分自然。三代玉琮集中见于妇好墓（十四件）也就不足为奇。

诗经时代重男轻女渐成风气。《小雅·斯干》："乃生男子，载寝之床。载衣之裳，载弄之璋。其泣喤喤，朱芾斯皇，室家君王。乃生女子，载寝之地。载衣之裼，载弄之瓦。无非无仪，唯酒食是议，无父母贻罹。"弄璋之喜与弄瓦之乐已有天壤之别，男人的社会地位明显高于女人，周代王、公、侯、伯、子、男均是男人。琮是"六器"之一，却不在"六瑞"之中。琮的消亡也就不是偶然的现象。

另一方面天尊地卑思想逐渐盛行。红山、良渚时代土地祭祀山川崇拜十分隆重。良渚时代琮是最重要的礼器，其次才是璧。三代中原受到来自西北游牧文化的巨大影响，天成了至尊无比的神灵。商代祖先祭祀还很突出，周代祭天最隆重。周颂实质上是颂天，惟天为大。《周颂·维天之命》："维天之命，於穆不已。於乎不显，文王之德之纯。假以溢我，我其收之。骏惠我文王，曾孙笃之。"文王祭天，后来祭天配祭文王。天崇拜日益隆重，礼天之璧也就更加重要。

天尊地卑是重璧轻琮的原因，璧多琮少是重男轻女的结果。齐家文化时代正在进入男尊女卑时代，天崇拜明显胜过地崇拜！齐家文化普遍出现了成年男女合葬墓，皇娘娘台 48 号墓就是典型一男二女合葬墓。男性仰身直肢位于墓穴中央，二女侧身屈肢面向男性；男性尸骨上和周围随葬了 83 件石璧和一件玉璜，反映出男性居于统治地位，标志着齐家文化进入父权社会。璧琮传统源自良渚文化，经陶寺、石峁传播到齐家文化；到二里头文化时代琮已无足轻重，可以忽略不计。齐家玉琮文化在周代遗址中回光返照，然后消逝；玉璧日益精致，成了周王朝代表性玉器，一直流传到当代。璧琮在齐家二里头文化或三代的相对重要性大致反映了夏代天尊地卑精神世界和男尊女卑的社会状况。

三、刀与戈

红山、良渚文化处于"有祀无戎"时代，玉器主要是礼器，没有兵器。[34]到了齐家二里头时代有刀玉器成为主流，玉器有"戎化"的趋势。璋、玉钺、玉刀很突出，均为有刃玉器；璧亦演变成了戚。玉戈、铜戈见于二头里文化晚期，可以追溯到陶寺、石峁和齐家文化。玉戈可能是礼仪用品，并不是实用兵器。有刃玉器大都出现在二里头文化繁盛的三、四期，可能是用来昭示君臣关系或贵族等级。有人将二头里玉器归入"华西玉器系统"，但多数在海岱地区大汶口－龙山文化中亦有发现，实质上是龙山文化玉器"戎化"的结果。

史前兵器以钺为主，夏商以戈为主。[35]大型玉刀与玉戈显然不是工具或兵器，是二里头、齐家文化中重要礼器。1987 年玉刀与玉戈同出于二里头遗址 M57。齐家文化遗址中不仅有众多玉刀出土，显然源于东方玉文化传统；亦有玉戈形器和铜戈形器出土，很可能是戈的源头。

齐家文化的多孔玉刀已经发现多件，与二里头文化多孔玉刀类似。2002 年喇家遗址出土的一件三孔大玉刀，复原长达 66 厘米，是目前已知正式考古发掘出土最大的玉刀，可能是礼器中的"王者之器"。[36]甘肃

图4-5 甘肃省博物馆藏五孔玉刀（王裕昌提供）

省古浪县峡口出土四孔玉刀亦长达65.5厘米，现藏于甘肃省博物馆。[37]
陕西芦山峁遗址亦出土了一件七孔玉刀，长54.5厘米，现藏延安文物
研究所。[38]戴应新收购石峁玉刀15件，长21—74厘米不等。其中一件
四孔墨玉刀，长54.3厘米，宽8.8厘米、厚0.3厘米，与青海大通上
孙家寨四孔玉刀神似。[39]青海大通县上孙家寨墓地出土四孔大玉刀，长
54厘米，宽8.5—10.3厘米，厚0.8厘米。喇家遗址亦出土过类似的
四孔玉刀，长42厘米，宽6.5—8厘米，厚0.8厘米。[40]上海博物馆收
藏类似玉刀多件，其中一件（60991）三孔玉刀长达53.8厘米。[41]

二里头遗址出土的最大玉器也是多孔玉刀。二头里文化出土大玉刀
至少有五件，三孔到七孔不等。1972年二里头遗址第四期出土的七孔
玉刀长达65厘米，有扉齿和规整的几何花纹。[42]1987年出土的三孔玉
刀亦长达53.5厘米，两端各有四颗齿扉，现藏于中国社会科学院考古
研究所。[43]二里头玉刀更加精致，但晚于齐家文化玉刀。多孔玉刀可长
达六七十厘米，是玉器中真正大器。

二里头玉戈与铜戈同出，戈被认为是夏民族或夏文化的象征之一。
二里头遗址第三、四期共出土玉戈三件，相对成熟；其中一件淡青色玉
戈通长43厘米，援宽8厘米，厚0.5厘米，另外一件独山玉戈通长
30.2厘米，厚0.5—0.7厘米。[44]这种精致的玉戈很难向东追溯到五千

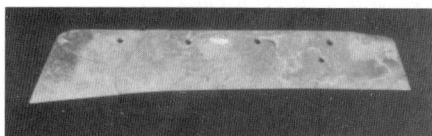

古浪峡口大玉刀　　　　　　　　　　上孙家寨大玉刀

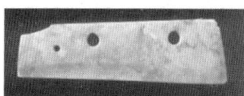

宗日 95TZM200：2 玉刀　　宗日 95TZM200：3 玉刀　　宗日 95TZM200：4 玉刀

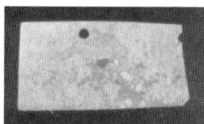

喇家 L：4 大玉刀　　　　喇家发掘出土大玉刀　　　甘肃省博物馆藏四孔玉刀

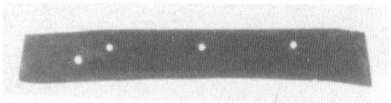

芦山峁七孔玉刀　　　　　　　　　石峁 SSY83 号玉刀

| 图 4-6　齐家文化玉刀集锦(引自朱乃城：素雅精致 陇西生辉——齐家文化玉器概论，《齐家文化与华夏文明国际会议论文集》，广河，2015。)

年前的凌家滩文化戈形玉器；可以向西向北追溯到稍早的石峁文化玉戈。[45]石峁玉戈显然处于初始阶段，戴应新收购石峁玉戈三件，一件墨玉戈长 29.4 厘米，无援无胡较原始；一件赭灰色玉戈长 36.5 厘米，方内与援无分界，较成熟。[46]比二里头玉戈更成熟精致的大玉戈见于盘龙城和殷墟妇好墓。而石峁玉戈可能源自齐家文化戈形玉器。邓淑苹注意到与喇家遗址 M12 与璧同出的戈形玉片是戈的始原。[47]

此外，宗日遗址 1994—1996 年连续三年发掘中都出土有铜器，器型以指环为主，还出土一件平面呈三角形器，残器长 8.7 厘米，宽 2.2 厘米，中间有脊，经检测为青铜。[48]这件"戈形器"亦可以作为戈起源

于齐家文化的一
个佐证。

《羌戈大战》
是羌人的传说史
诗。羌人的祖先
从西北向西南游
牧迁徙到岷江和
湔江上游丰美的

图 4-7　喇家遗址墓葬璧与戈形器（叶茂林提供）

河谷台地时遇到了"戈基"部落。其人高鼻深目，身强力壮，能征善
战，羌人屡战屡败，准备弃地而逃。神灵梦示于颈上贴羊毛做标记，以
白石为武器，再与戈基人决斗而胜之。从此羌人得以安居乐业，成为
"有语言、有耕牧、知合群的民族"。

在西北地区还真有戈人和戈国。戈器是商周铜器中的常见品，邹衡
曾搜 160 余器，出土地点明确的有 91 器。有关戈地的记载见于后羿篡
夏的故事中。《左传》哀公元年："遂灭过、戈，复禹之绩。"过、戈是夏
王朝两个重要地区，寒浞派遣其子控制那里。少康灭了浇、豷，夺回
过、戈，才恢复了夏王国。太史公认为戈是一个古老的方国。《史记·
夏本纪》："禹为姒姓，其后分封，用国为姓，故有夏后氏、有扈氏、
有男氏、斟寻氏、彤城氏、褒氏、费氏、杞氏、缯氏、辛氏、冥氏、斟
（氏）、戈氏。"夏代的戈国或许就在宋、郑之间的戈邑，商代的戈方应
在陕西泾阳地区。[49]戈国墓地发现于陕西泾阳县高家堡，发现有"戈"
徽的铜器八种，是商末周初的戈人墓。[50]羌与戈均是夏代重要方国或部
族，在西北齐家文化分布区竞争与交战正是"羌戈大战"史诗的历史文
化背景。

殷墟中矢镞、戈、矛、刀削、斧斤是东亚的比剑更古老的五种兵

器，仅戈为中国本土之物，其他四种和剑一样来自中亚或西亚。[51]戈和戟是东亚特有的兵器，西方人称之为中国戈戟(Chinese Ko-halberd)。[52]戈可能是夏人的标志性器物。[53]中国戈主要分布于中原，流传到了几乎整个东亚地区，亦不早于青铜时代。大玉刀主要流行于夏代，玉戈流传到了商周。大王刀、玉戈均是夏代流行器物，反映了夏代进入阶级社会的战争风尚，可以作为夏文化的两个标志。

四、圭与璋

甘肃清水县金集镇连珠村周代遗址出土绿玉端刃器，曾藏于县博物馆，被认为是"钺"；杨伯达指出是石峁文化残璋，经周人改制成现状作他用；[54]现藏于甘肃省博物馆，被认为属于齐家文化。[55] 1976年临夏州文物普查小组从新庄坪征收璋一件，长边18厘米，短边16厘米，最宽5.7厘米，上宽4.7厘米，刃宽6.1厘米，长条形，两侧微收，双面直刃，首部有大小两个单面钻圆孔，现藏于临夏州博物馆。[56]

戴应新在高家堡收购石峁牙璋28件，长26.6—49厘米不等，墨玉质，体扁平，首端宽大两岐如双牙，可分三式。一式通体光素，侧饰为一对向后倾斜的单牙；二式侧饰呈"业"字型或鸡冠形；三式鸡冠形侧饰之间的一面器表上加刻几何形阴线纹。他认为石峁牙璋最多，年代最古，堪称牙璋文化的发源地。[57]邓淑苹对海外收藏的牙璋进行了系统调查和研究，认为绝大多数属石峁

图4-8 清水县博物馆藏
玉牙璋(王裕昌提供)

风格牙璋。[58]她估计存世石峁风格牙璋有上百件，多用灰褐泛绿或深至近乎黑色的闪玉制作。[59]

朱乃诚将国内出土牙璋从简到繁分为九型：Ⅰ为"简单型"，阑与扉牙尚未发展成熟；Ⅱ为"一牙型"，阑部两侧分别出一短小扉牙；Ⅲ为"无阑有扉牙型"；Ⅳ为"单阑多扉牙型"；Ⅴ为"双阑简单扉牙型"；Ⅵ"双阑复杂扉牙型"；Ⅶ为"双阑密集扉牙型"；Ⅷ为"双寓卷云型"；

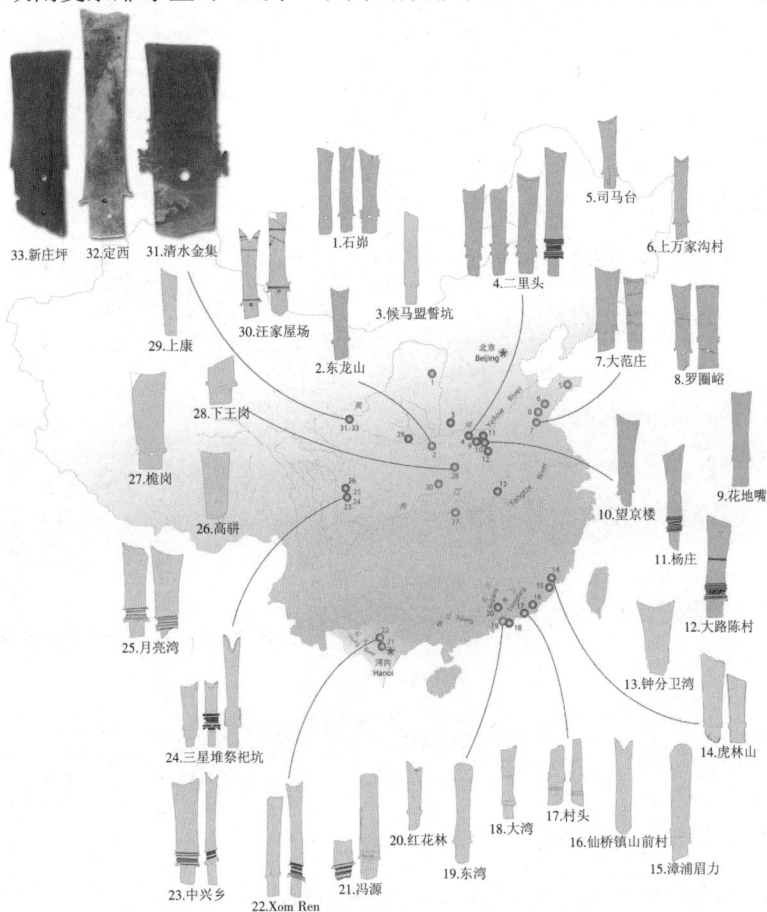

图4-9 东亚玉璋分布示意图（邓聪提供）

Ⅸ为"戈身双阑型"。石峁有Ⅰ、Ⅱ、Ⅳ型牙璋,二里头有Ⅴ、Ⅵ、Ⅶ牙璋,三星堆有Ⅷ、Ⅸ牙璋。[60]他还注意到故宫有两件更原始的玉璋,认为石峁牙璋地层不确定可能是外来传入,推断牙璋起源于陶寺文化。[61]

其实由此可以大致推断:牙璋源于夏初石峁文化,夏末二头里文化时期得到了发展,夏代传播到了龙山文化分布区,夏亡后传播到了西南三星堆文化及其他地区。牙璋被公认为是夏文化的标志;商代不再流行,但并没有完全消失。妇好大墓中没有出土牙璋,但殷墟西区900余座小墓中有41座共出石质牙璋183件,最多的一座出土13件,[62]可能是夏遗民的墓葬。

戴应新在石峁收集圭10件,其中一件长23厘米,宽6.4厘米,厚0.2厘米,墨玉,体扁长,两穿,另一件体窄长,一穿。他认为圭是一种医疗器具,通过按压、刮磨、熨敷、凉沁、挤刺止痛疗病。[63]《周礼·考工记·玉人》:"琰圭九寸,判规,以除慝,以易行。"

玉圭的起源还不清楚:朱乃诚认为与璋同源于陶寺文比,邓淑苹认为与戈同源于齐家文化,其实很有可能三者同源于石峁文化。"植璧秉圭"的圭璧礼制盛行于周代。[64]《周礼·春官·大宗伯》:"以玉作六瑞,以等邦国。玉执镇圭,公执恒圭,侯执信圭,伯执躬圭,子执谷璧,男执蒲璧。"《说文》中称的"剡上为圭"指的是上部尖锐下端平直的片状玉器。圭是周代或汉代最重要礼器,尖首圭可能与戈同源,可以追溯到齐家文化,平首圭可能与铲斧同源,可以追溯到龙山文化。真正的圭出现于石峁文化。真正标准的尖首形圭始见于商代而盛行于春秋战国。战国时期出土的圭数量较多,其中不少是石制的。汉代玉圭已从社会日常生活中消失,只有王公贵族为了显示其地位,才特别雕造了少量的玉圭。

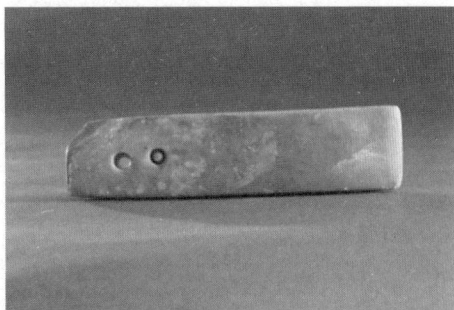

临夏州博物馆藏玉铲或玉圭（王裕昌提供）|

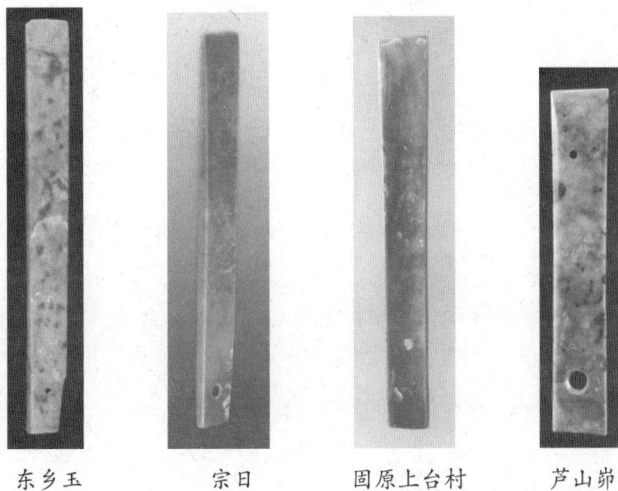

东乡玉 　　宗日 　　固原上台村 　　芦山峁

图4-10　玉铲型器或平首圭|

(引自朱乃城:《素雅精致 陇西生辉——齐家文化玉器概论》,《齐家文化与华夏文明国际会议论文集》,广河,2015年。)

五、夏后氏之璜与环

　　穿孔的玉璜在新石器时代已经出现，一般两端各有一孔。新石器时代玉璜出土数量形式多，分布区域广，延续时间长。在齐家文化玉器中玉璜比较常见，如师赵村遗址中所发现齐家文化玉璜多件，现藏于中国社会科学院考古研究所。内缘与外缘均呈弧形，两端穿孔，也有可能是玉围圈的一部分。"半璧为璜"，璜是一种弧形的玉器，少数接近璧的二分之一，一般是璧的三分之一。皇娘娘台遗址最大的墓是三人合葬墓M48，坑长2.6厘米，宽1.48厘米，深1.15厘米，出土精美玉璜一件，粗糙石璧83件。⑥可以说玉璜是皇娘娘台遗址最贵重的器物。

《山海经·海外西经》："大乐之野，夏后启于此儛《九代》，乘两龙，云盖三层。左手操翳，右手操环，佩玉璜。在大运山北。"夏后氏钟爱的玉器是环和璜。环源于新石器时代，齐家文化玉环亦常见。《左传·定公四年》："分鲁公以大路、大旗、夏后氏之璜、封父之繁弱……"《左传·哀公十四年》："向魋出于卫地，公文氏攻之，求夏后氏之璜焉。与之他玉，而奔齐，陈成子使为次卿。"《淮南子》中至少有五次提到"夏后氏之璜"。《淮南子·氾论训》："夫夏后氏之璜，不能无考；明月之珠，不能无类。"《淮南子·精神训》："夫有夏后氏之璜者，匣匮而藏之，宝之至也。夫精神之可宝也，非直夏后氏之璜也。"《淮南子·说林训》："曹氏之裂布，蚋者贵之，然非夏后氏之璜。"《淮南子·说山训》："和氏之璧，夏后之璜，揖让而进之，以合欢；夜以投人，则为怨，时与不时。"夏后氏之璜常与和氏之璧相提并论。《潜夫论·赞学》："是以人之有学也，犹物之有治也。故夏后之璜，楚和之璧，虽有玉璞卞和之资，不琢不错，不离砾石。"

玉璜从新石器时代早期开始大体上是女性的象征，作为个人饰件体现其社会地位。良渚时期琮、璧和钺开始超越个人饰件的范畴，成为重要的社会权力象征，标志社会复杂化进程加剧。⑥皇娘娘台遗址最大合葬墓M48出土精美玉璜表明齐家文化时代璜已不只是女性的装饰品，也已成为男人的威势品。从齐家文化开始金属项饰亦开始出现，可称之为金璜、银璜、铜璜或绿松石铜璜。这种金玉工艺可以追溯到古代西亚和埃及。

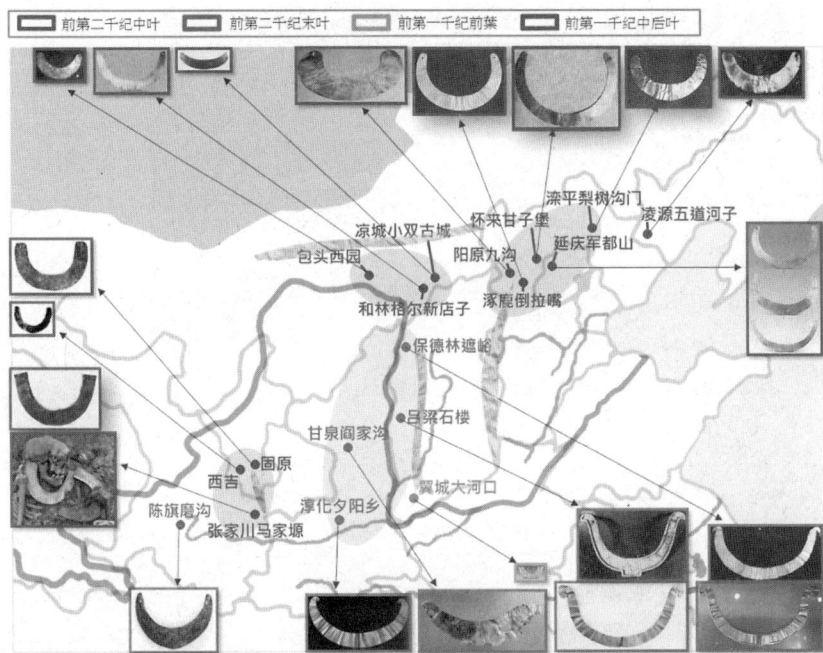

图4-11 考古出土公元前第二千纪中叶至第一千纪后叶的金属弧形项饰 |

（引自黄翠梅：《金属弧形项饰的出现与玉璜串饰的再兴——从齐家文化谈起》，《齐家文化与华夏文明国际会议论文集》，广河，2015年。）

　　夏后氏之璜肯定不是一般的玉璜、金璜或银璜，应该是夏代遗留下来的一种独特的工艺品或神器，很可能是绿松石铜璜。德国纳高2006年秋季拍卖会拍卖绿松石铜璜，与夏代绿松石青铜牌一同拍卖，这可能是真正夏代金玉合璧的"夏后氏之璜"。[67]墨玉和绿松石，是夏后氏的最爱。夏代的牙璋和玉刀，通常以墨玉制作。中国古玉器研究会甘肃省中心亦收藏墨玉镶绿松石玉璜，长17厘米；北京中拍国际拍卖有限公司在2007年大型艺术品拍卖会亦展出墨玉镶绿松石玉璜，长19厘米。从这些器物可以看到夏后氏之璜的影响。

| 图 4-12　北京中拍国际拍卖有限公司 2007 年拍卖会展出的玉璜（来自网络）

六、小结

　　齐家玉文化是夏代玉文化的核心组成部分。一般认为红山玉文化影响到了良渚，凌家滩是中间环节；良渚玉文化影响到了齐家，陶寺、石峁是中间环节。红山玉器的主要形制在中原延续的不多，良渚玉器在中原得到的继承也很少，而齐家文化玉器大部分得到了延续和发展。齐家与二里头文化玉器大同小异，正是典型的夏代玉器。《尚书·顾命》云："越玉五重：陈宝、赤刀、大训、弘璧、琬琰，在西序；大玉、夷玉、天球、河图，在东序。"闻广指出红山、良渚和齐家玉可能分别是所说的"夷玉""越玉"和"大玉"。⑧夏有"大"意，大玉即夏玉。红山、良渚还没有出土超过五十公分的玉器，"大玉"确实源自齐家文化或华西系。二里头文化不见良渚风格的琮和璧，也不见红山文化的标志物玉猪龙、勾云形玉佩和箍形器，继承了华西系"大玉"文化传统，可以说是齐家玉文化传统的继续。

　　《禹贡》结语云："东渐于海，西被流沙，朔南暨，声教讫于四海。禹锡玄圭，告厥成功！"齐家文化分布区确有玄圭存在。《水经注》："禹治洪水，西至洮水之上，见长人，受黑玉于斯水上。"洮水即今甘肃洮河，洮河附近马寒山出产墨玉和其他各色玉材。

齐家文化不仅集新石器时代玉文化之大成，又开启了三代玉文化之先河。齐家文化已经进入青铜时代，玉器不如红山、良渚精致。齐家文化的发展趋向和夏文化的起源有着密切的关系。在二里头遗址三、四期中出土了一批玉器，这批玉器大多光素无纹，器型长大宽薄，抛光莹润，少数有纹饰也以阴刻线为主，均具齐家文化玉器风格。齐家二头里玉器大同小异，一脉相承；文化的源流上有着共同的大背景。

夏和周在文化来源上都和地处西北的甘青地区有关，这些就给齐家文化的大致发展趋向提供了线索。兴起于齐家文化故地的周朝大体继承了齐家玉文化。首先是周代遗址中大量出土了齐家风格的玉器，其次周代用玉制度可以追溯到齐家文化。《周礼·春官·大宗伯》："以玉作六器，以礼天地四方。以苍璧礼天，以黄琮礼地，以青圭礼东方，以赤璋礼南方，以白琥礼西方，以玄璜礼北方。"夏鼐等质疑其真实性，认为《周礼》是战国时代著述又经汉儒整理，只能反映战国或汉代人的思想。[①]齐家文化或三代考古发掘与研究表明，《周礼》中有关玉的论述绝非空穴来风。齐家文化或夏、周玉文化一脉相承，与商代玉文化略有不同。圭、璋、璧、璜、琮、琥应该是诗经时代最重要的玉器。半圭为璋，半璧为璜，半琮为琥。"如圭如璧"（《卫风·淇奥》）、"如圭如璋"（《大雅·卷阿》）或"如璋如圭"（《大雅·板》）屡见不鲜，琮、琥相对罕见。这大体反映了周代的状况，亦可追溯到夏代或齐家文化。

璧琮组合源自新石器时代良渚文化，刀戈组合和圭璋组合始于青铜时代。大玉刀和大玉璋主要流行于夏代，是夏代文化的标志，亦是齐家文化的特色。玉器的盛衰表明齐家文化不仅是东亚文化的组成部分，亦反映了夏代的时代特征和社会状况。自三代到秦汉再到魏晋隋唐直至明清，玉器的发展除了工艺的复杂与雕琢上的进步以外，其型制品种基本上没有脱离齐家文化玉器范畴，儒家文化主要礼器的型制正是基于齐家文化玉器的基本造型。齐家文化玉器在东亚玉文化发展史上起了承上启下作用，应该是夏代玉器的重要组成部分。

注释：

①古方主编：《中国出土玉器全集》第十五卷，科学出版社，2005年。

②叶茂林：《黄河上游新石器时代玉器初步研究》，《东亚玉器》第一册，香港中文大学中国考古艺术研究中心，1998年。

③黄宣佩：《齐家文化玉礼器》，《东亚玉器》第一册，香港中文大学中国考古艺术研究中心，1998年。

④杨伯达：《甘肃齐家玉文化初探》，《陇右文博》，1997年 第1期；收录《巫玉之光：中国史前玉文化论考》，上海古籍出版社，2006年。

⑤闻广：《中国大陆史前古玉若干特征》，《东亚玉器》第二册，香港中文大学中国考古艺术研究中心，1998年。

⑥朱乃诚：《时代巅峰冰山一角——夏时代玉器一瞥》，中华玉文化工作委员会中华国玉文化研究中心编：《玉魂国魄：玉器玉文化夏代中国文明展》，浙江古籍出版社，2013年。

⑦邓淑苹：《万邦玉帛——夏王朝的文化底蕴》，《夏商都邑与文化（二）》，中国社会科学出版社，2014年。

⑧邓淑苹：《"华西系统玉器"观点形成与研究展望》，原载 《故宫学术季刊》十二卷二期，2007年；收录《名家论玉（二）》，科学出版社，2009年。

⑨闫亚林：《西北地区史前玉器研究》，北京大学博士论文，2010年。

王玉妹：《齐家文化玉器的考古学研究》，吉林大学硕士论文，2009年。

⑩王裕昌：《甘、青、宁博物馆齐家文化玉琮、玉璧研究》，《丝绸之路》2011年第12期。

⑪刘志华、孙玮：《武威皇娘娘台出土的齐家文化玉石器》，《故宫文物月刊》总第248期。

⑫甘肃省博物馆：《武威皇娘娘台遗址第四次发掘》，《考古学报》1978年第4期。

⑬王国道等：《青海齐家文化玉器研究》，杨伯达主编：《中国玉文化玉学论丛续编》，紫禁城出版社，2004年。

⑭古方：《中国出土玉器全集》第十五卷，科学出版社，2005年，第4页。

⑮古方：《中国出土玉器全集》第十五卷，科学出版社，2005年，第22页。

⑯罗丰：《黄河中游新石器时代玉器》，《故宫学术季刊》第19卷第2期，2001年。

⑰邓淑苹：《"国立"故宫博物院藏新石器时代玉器》，图101—103，1992年。

⑱黄宣佩：《齐家文化玉礼器》，《东亚玉器》，香港中文大学中国考古艺术研究中心，1998年。

⑲王裕昌将馆藏玉琮分为九个类型：其一纹饰玉琮，即刻线纹或瓦棱纹玉琮；其二高体长射式玉琮，特征为高度大于长度和宽度，呈长方立体，射较长；其三矮体短射式玉琮，特征为高度小于或等于长度和宽度，射一般较短；其四方体短射式玉琮，特征为高度等于或稍大于长度和宽度，正方立体，射较短；其五方体长射式玉琮，特征为高度稍大于长度和宽度，正方立体，射较长；其六短体长射式玉琮，特征为高度稍大于长度和宽度，呈长方立体，射较长；其七方体无射式玉琮，特征为高度等于长度和宽度，正方立体，无射管；其八圆体短射式玉琮，特征为高度小于或等于长度和宽度，射较短；其九三角体短射式玉琮，特征为高度小于或等于长度和宽度，射较短。参见《甘、青、宁博物馆齐家文化玉琮、玉璧研究》，《丝绸之路》2011年第12期。

⑳中国社会科学院考古研究所：《师赵村与西山坪》，中国大百科全书出版社，1999年，第175页。

㉑黄宣佩：《齐家文化玉礼器》，《东亚玉器》第一册，香港中文大学中国考古艺术研究中心，1998年。

㉒古方：《中国出土玉器全集》第十五卷，科学出版社，2005年，第28—29页。

㉓罗丰：《黄河中游新石器时代玉器》，《故宫学术季刊》第19卷第2期，2001年。

㉔江伊莉、古方：《玉器时代：美国博物馆藏中国早期玉器》，图5-28、4-18，科学出版社，2009年。

㉕王仁湘先生意见。

㉖杨伯达:《甘肃齐家玉文化初探》,《陇右文博》1997 年第 1 期。

㉗杨美莉:《齐家文化的玉圆圈》,《故宫文物月刊》第 18 卷第 3 期,2000 年。

㉘叶茂林:《齐家文化玉器研究》,《玉魂国魄:玉器玉文化夏代中国文明展》,浙江古籍出版社,2014 年。

㉙罗丰:《黄河中游新石器时代玉器》,《故宫学术季刊》第 19 卷第 2 期,2001 年。

㉚邓淑苹:《万邦玉帛——夏王朝的文化底蕴》,《夏商都邑与文化(二)》,中国社会科学出版社,2014 年。

㉛邓淑苹:《"华西系统玉器"观点形成与研究展望》,原载《故宫学术季刊》第 12 卷第 2 期,2007 年。

㉜邓淑苹:《由考古实例论中国崇玉文化的形成与演变》,《中国考古学与历史学之整合研究》,1997 年。

㉝王仁湘:《琮璧名实臆测》,《中国玉文化玉学论丛》四编,紫禁城出版社,2006 年。

㉞易华:《红山文化定居生活方式》,《2004 红山文化国际会议论文集》,文物出版社,2004 年。

㉟杨泓:《中国古代玉兵浅析》,《东亚亚器》第一册,香港中文大学中国考古艺术研究中心,1998 年。

㊱叶茂林等:《青海民和喇家遗址发现齐家文化祭坛和干栏式建筑》,《考古》2004 年第 6 期。

㊲古方主编:《中国出土玉器全集》第十五卷,科学出版社,2005 年。

㊳中华玉文化工作委员会中华国玉文化研究中心编:《玉魂国魄:玉器玉文化夏代中国文明展》,浙江古籍出版社,2014 年,第 116 页。

㊴戴应新:《我与石峁龙山文化玉器》,《中国玉文化玉学论丛》续编,紫禁城出版社,2004 年。

㊵王国道等:《青海齐家文化玉器研究》,《中国玉文化玉学论丛》续编,紫禁城出版社,2004 年。

㊶黄宣佩:《齐家文化玉礼器》,《东亚玉器》,香港中文大学中国考古艺术研究中

心，1998 年。

㊷中华玉文化工作委员会中华国玉文化研究中心编：《玉魂国魄：玉器玉文化夏代中国文明展》，浙江古籍出版社，第 19 页。

㊸中华玉文化工作委员会中华国玉文化研究中心编：《玉魂国魄：玉器玉文化夏代中国文明展》，浙江古籍出版社，第 231 页。

㊹中华玉文化工作委员会中华国玉文化研究中心编：《玉魂国魄：玉器玉文化夏代中国文明展》，浙江古籍出版社，2014 年，第 233、232 页。

㊺李健民：《论夏商周玉戈及相关问题》，《海峡两岸古玉学会议论文专辑（Ⅱ）》，"国立"台湾大学理学院地质科学系印行，2001 年。

㊻戴应新：《我与石峁龙山文化玉器》，《中国玉文化玉学论丛》续编，紫禁城出版社，2004 年。

㊼邓淑苹：《万邦玉帛——夏王朝的文化底蕴》，《夏商都邑与文化（二）》，中国社会科学出版社，2014 年。

㊽青海省文物管理处等：《青海同德县宗日遗址发掘简报》，《考古》1998 年第 5 期。

格桑本等：《宗日遗址文物精粹论述选集》，四川科技出版社，1999 年。

㊾陈晓华：《戈器戈国戈人》，《人文杂志》1999 年第 4 期。

50　陕西省考古研究所编著：《高家堡戈国墓》，三秦出版社，1995 年。

51李济：《殷墟铜器五种及其相关之问题》，《"中央"研究院历史语言研究所集刊·庆祝蔡元培先生六十五岁论文集》，1935 年。

Max Loehr: Weapons and Tools from Anyang, and Siberian Analogies, *American Journal of Archaeology*, Vol. 53, No. 2, 126-144, 1949.

52William Watson: *Cultural Frontiers in Ancient East Asia*, Edinburgh, 1971. P. 43.

53曹定云：《殷代族徽"戈"与夏人后裔氏族》，《考古与文物》1989 年第 1 期。

54杨伯达：《甘肃齐家玉文化初探》，《陇右文博》，1997 年第 1 期

55甘肃省文物局编：《甘肃文物菁华》，文物出版社，2006 年，第 60 页。

56王玉妹：《齐家文化玉器的考古学研究》，吉林大学硕士论文，2009 年。

57戴应新：《我与石峁龙山文化玉器》，《中国玉文化玉学论丛》续编，紫禁城出版

社，2004年。

㊾邓淑苹：《"牙璋"研究》，邓聪主编：《南中国及其邻近地区古文化研究》，香港中文大学，1994年。

㊿邓淑苹：《万邦玉帛——夏王朝的文化底蕴》，《夏商都邑与文化（二）》，中国社会科学出版社，2014年。

⑥朱乃诚：《牙璋研究与夏史史迹探索》，《夏商都邑与文化（二）》，中国社会科学出版社，2014年。

⑥朱乃诚：《时代巅峰　冰山一角——夏时代玉器一瞥》，《玉魂国魄：玉器玉文化夏代中国文明展》，浙江古籍出版社，2013年。

⑥中国社会科学院考古研究所安阳工作队：《1969—1977年殷墟西区墓葬发掘报告》，《考古学报》1979年第1期；转引自夏鼐：《商代玉器的分类、定名和用途》，《考古》1983年第5期。

⑥戴应新：《我与石峁龙山文化玉器》，《中国玉文化玉学论丛》续编，紫禁城出版社，2004年。

⑥　孙庆伟：《周代用玉制度研究》，上海古籍出版社，2008年。

⑥甘肃省博物馆：《武威皇娘娘台遗址第四次发掘》，《考古学报》1978年第4期。

⑥陈淳、孔德贞：《性别考古与玉璜的社会学观察》，《考古与文物》2006年第4期。

⑥网友大毛亦有类似猜想并率先发表了博文：《古玉奇葩——夏后氏之璜的今生和前世》，http://blog.sina.com.cn/s/blog_bcfc5aaa0102uwe7.html；所见略同，期待更多证据。

⑥闻广：　《中国大陆史前古玉若干特征》，《东亚玉器》第二册，香港中文大学中国考古艺术研究中心，1998年。

⑥夏鼐：《商代玉器的分类、定名和用途》，《考古》1983年第5期。

第五章　鼎鬲之外有罐盉

　　陶器研究是考古学家的拿手好戏，令人遗憾还没有人认真系统研究过齐家陶器。东亚陶器以鼎、鬲为特色，被称为鼎鬲文化。"鼎盛中华"，现在大致清楚陶鼎源自长江流域稻作文化圈，鬲起源于黄河流域粟作文化圈。齐家文化缺鼎少鬲，陶罐十分发达；双耳罐表明齐家文化可能属于欧亚麦作文化圈或畜牧文化圈；而陶盉是齐家与二里头文化共有的标志性陶礼器。

一、引言

相对于丰富多彩的马家窑陶器而言，齐家文化陶器似乎是衰落了，但种类或器型实际上还有所增加。青海柳湾遗址出土了三万多件陶器，号称彩陶王国；其中齐家文化陶器多种多样，可以作为齐家陶器的代表。366 座齐家文化墓葬中有 295 座出土陶器，完整或可复原的共计 1618 件；以泥质红陶为主，夹砂红褐陶次之，泥质灰陶较少。制作方法普遍采用泥条盘筑法，也开始使用慢轮加工。陶容器以平底器为主，圈足器次之，三足器罕见；大的超过 40 厘米，小的不到 10 厘米。多数为素面，亦有彩绘，花纹至少有平行条纹、波折纹、菱格纹、锯齿纹、网格纹、人字纹、三角纹、叶脉纹、蝶形纹、蛙足纹、方格文、圆圈纹 12 种。陶器种类有陶壶 474 件，双耳陶罐 204 件，粗陶瓮 113 件，高领双耳罐 103 件，双大耳罐 89 件，粗陶双耳罐 83 件，双耳彩陶罐 82 件，侈口陶罐 71 件，盆 64 件，敛口陶瓮 62 件，碗 48 件，单耳陶罐 45 件，彩陶壶 43 件，尊 35 件，折腹陶罐 23 件，豆 19 件，匜 15 件，杯 12 件，鸮面罐 10 件，带嘴陶罐 7 件，三耳陶罐 4 件，带嘴陶壶 2 件，鬲 2 件，盉 2 件及小陶罐 1 件，甑 1 件。①

| 图 5-1　磨沟墓地齐家文化陶罐（毛瑞林提供）

　　齐家文化已进入青铜时代，象征新石器时代文化辉煌的彩陶自然衰落。彩陶在皇娘娘台和柳湾等遗址中偶有出土，纹饰以红彩为主，和马家窑文化以黑彩为主的风格形成鲜明对照。雕塑品有人头像和鸟、绵羊等形象以及兽首葫芦形陶铃、瓶形陶铃、刻划纹鼓形玩具等。鸟类造型居多，如柳湾遗址出土的鸮面形单耳罐，在罐口用堆塑、锥刺、穿孔等手法做成鸮面形象。齐家文化鸮面罐是别具特色的珍品，被认为是远古图腾信仰的一种反映；逐渐向三维空间造型过渡，形成多角度审美观。皇娘娘台遗址出土彩陶豆，内画十字纹，间隙处填变形蜥蜴纹或蛙纹，极为罕见，为彩陶中的珍品。

　　从烧制技术来看，齐家文化时期已经掌握了氧化焰和还原焰的烧窑方法。齐家文化陶器可分泥质与夹砂两种，泥质陶中又有红陶和灰陶之别，红陶居多，并因陶土成分含量和烧制火候的差异，出现浅红和橙黄色的区别，也有少量黑陶。夹砂陶中又有夹砂红陶和夹砂灰陶之分，且

图 5-2　甘肃博物馆藏复道三角纹圜底彩陶罐和复线三角纹平底彩陶罐（王裕昌提供）

以夹砂红陶占多数，罕见白陶。夹砂陶器一般用于蒸煮，泥质陶器则用于盛放或饮食之用。陶罐是多种功能用具，可以用来吊煮、取水、酿酒、装奶、盛油、贮粮，在遗址中数量最多，不足为怪。双耳罐是典型器物，而磨光的薄体大双耳罐和双耳折肩罐是齐家文化特色器物。

马家窑文化并无三足器传统，三足鬲和三足盉显系外来。甘青地区齐家文化遗址中始见陶鬲：师赵村和西山坪遗址出土了近十件陶鬲，柳湾墓地、秦魏家遗址、兰州中堡遗址、天水灵台桥村遗址、宁夏隆德页河子遗址、西吉兴隆镇遗址等有零星个别陶鬲出土。[②]三足盉采集的多，出土的少。

本章不可能全面介绍齐家陶器，仅探讨齐家文化标志性陶器双耳罐和与夏文化有关的各式陶盉。

图 5-3　武威皇娘娘台遗址出土双耳泥质红陶罐（王裕昌提供）

二、双耳罐

双耳罐是齐家文化代表性的陶器，柳湾遗址出土双耳罐 204 件，可分为四型。I 型 175 件，侈口短颈，扁腹平底，颈侧置一对称环形耳。II 型 26 件，颈肩与肩腹之间均有明显的分界，造型规整匀称。III 型 2 件，腹壁作凹弧形，往下收缩成小平底。IV 型 1 件，体型瘦长，耳端稍低于口沿。此外，双大耳罐共 89 件，可分三型。I 型 67 件，喇叭口，扁圆腹，颈侧置一对纵弧形大耳。II 型 18 件，造型比 I 型较匀称，腹中部有明显的折棱。III 型 4 件，体形较瘦长，颈高腹深，耳把亦加长。

还有双耳彩陶罐共 82 件，也可分四型。I 型 35 件，侈口短颈，圆腹平底，颈侧置一对称环形耳，外形较粗矮，有彩绘。II 型 33 件，比 I 型较高，耳把较长，造形较匀称。III 型 5 件，小口鼓腹，颈肩间有明显分界，颈侧两耳较小。IV 型 9 件，侈口高领，深腹平底，颈侧置一对称大耳，彩绘。

图 5-4　广河县齐家坪遗址出土双耳红陶尊（王裕昌提供）

梁星彭早已指出客省庄二期文化对齐家文化双耳罐、单耳罐诸文化因素的形成发展起到过重要的作用和影响。[③]齐家文化双耳罐沿黄河亦进入了中原，并向西南和东北传播。客省庄二期文化、朱开沟文化以及凉城大庙坡龙山文化晚期遗址均有典型双耳罐出土。陶寺遗址中期贵族墓彩绘陶盆与双耳罐组合同出表明双耳罐是重要礼器。何驽认为彩绘陶盆中龙含的仙草正是麻黄，而双耳罐可能是一种蓒蔰的熏吸用器，与二里头文化陶盉铜爵有类似功

图5-5　永靖大何庄遗址出土红陶铃(王裕昌提供)

能。双耳罐来自西北地区齐家文化，麻黄草亦盛产于西北地区，可能意味着黄河上游麻黄与黄河中游酒相结合形成具有致幻作用或通神入化功能的郁蔰，构成了风行于三代的独特文化。[④]曲沃晋侯墓地M113出土了与陶寺双耳罐形似的青铜双耳罐，显然是模仿齐家文化双耳陶罐；有人推断可能是陶寺遗物。

在中国西南地区的新石器时代晚期至汉代的墓葬遗址中习见一类颇具特点的平底双耳陶罐，其典型特征是对称的大双耳弧联陶罐的口沿和肩腹部器身比例和谐，造型优美而端庄，还被仿制为青铜器。这种双耳罐在西南地区出土早就引起冯汉骥等著名学者的注意，他们将之与中国西北考古发现的所谓"安弗拉式双耳罐"联系对比，认为这是西北游牧民族南迁带来的产物。[⑤]

谢崇安对这类双耳罐在西南地区的流传使用时间、分布范围、类型演变进行分期断代，基本上弄清了源流。早期平底双耳罐主要分布在四川、西藏、云南三省区相邻的地区，集中在四川岷江上游地区的理县、

茂县、汶川以及雅砻江上游的甘孜、炉霍等地，中部沿岷江一线以西至藏东的澜沧江、金沙江上游。最早的 A 型双耳罐可定为西周晚期至春秋早期，仅见于四川汶川昭店石棺墓，与青海乐都柳湾齐家文化早期 IV 型双耳罐形似；目前在西南地区未见其祖型及演变型式，应是青海齐家文化早期因素的孑遗。⑥

青海循化苏呼撒、化隆县半主洼卡约文化的双耳罐与岷江上游的 B 型罐比较，两者也较接近齐家文化的早期双耳罐，表明岷江上游早就与西北地区的古文化有了持续的交流接触。西南地区一早期的 C 型双耳罐应是在 B 型双耳罐的作用下演变发展而来的，并派生出各种变异样式。值得注意的是甘肃酒泉干骨崖四坝文化舞人纹双耳罐与滇西北德钦永孜双耳罐十分相似，区别主要是纹饰不同，而四坝文化双耳罐的早期形式已见于甘肃卓尼纳浪寺坪齐家文化。四坝文化无疑与齐家文化有着更为紧密的联系，其彩陶罐纹样的人物表现为衣着长袍毡裘者，做群舞之状，极易使人联想到西南氐羌民族习见的"锅庄"集体舞。西北诸青铜文化的泥质陶系和粗陶系对西南巨石文化的影响也是双重的，盛行各式多样的双耳罐是两地文化的共性。双耳罐的功能主要为吊煮容器，携带较方便，与逐水草的游牧民族风餐露宿炊事生活相适应；与定居农业民习用鼎、鬲形成鲜明对照。⑦

西北的氐羌系各部族在不同的历史时期都在不断地向西南地区迁移，西南早期双耳罐反映出种种西北民族文化特征就是这种历史背景的反映。《后汉书·西羌传》："西羌之本，姜姓之别也。"蒙文通指出"姜姓之戎"实为姬姓周母方氏族。我们将齐家文化视为氐羌系文化就有文献上的依据，而且西南早期双耳罐遗存的主人也不尽为青衣羌或冉氏，西南地区的早期平底双耳罐最早出现于夏商之际。汶川地震时出土了大批汉代陶罐，说明羌人大量使用双耳罐。

　　岷江是长江正源，岷山曾经是昆仑。江源松潘地区是氐羌活动中心区和古代交通要冲。[⑧]更喜岷山千里雪，雪山草地是游牧的圣地。当年忽必烈南伐和毛泽东北征都走这条道路不是偶然。从地理位置来看，河西走廊和藏羌彝走廊紧密相连或者说甘青与川滇密不可分。其中岷江流域以及嘉陵江的白龙江流域是沟通川东北和河西走廊地区重要的两条交通路线。白龙江是嘉陵江的重要支流，毗邻的洮河流域马家窑文化和齐家文化遗址分布十分密集。初步调查发现白龙江流域有 12 处马家窑类型遗址、8 处齐家文化遗址及 5 处寺洼文化遗址。[⑨]白龙江流域就是沟通西北地区和川东北地区的重要通道。川东北的岷江流域考古发现了含大量马家窑文化彩陶的遗址，如营盘山[⑩]、姜维城[⑪]等。从新石器时代开始岷江流域就是一条沟通西北地区和川东北地区的重要交通路线。在雅砻江流域康巴地区炉霍县曾经采集到一件典型的齐家文化泥质红陶大双耳罐。[⑫]这很可能是直接传播所致，表明齐家文化与雅砻江上游存在交流的途径。[⑬]

　　双耳罐不仅是氐羌的偏爱，亦是戎狄的标志。长城地带不仅是鬲亦是双耳罐分布区。许永杰对长城沿线周秦时期双耳陶器进行了初步考察，探讨了双耳罐与双耳鬲等器类之间的关系，指出以双耳陶器为典型器物的遗存代表戎狄人群，而双耳陶器的广泛分布正反映了北方戎狄诸族不断南下，与华夏诸族接触融合的过程。[⑭]杨建华具体分析了李家崖双耳罐的来龙去脉，结合文化特征、年代、分布及文献记载等提出李家崖东周墓是河西白狄遗存，双耳罐在长城地带的传播反映白狄东传历史过程。[⑮]王占奎详细分析了上马遗址双耳罐与毛家坪遗址及九站遗址的双耳罐之间的相似之处，推断上马墓地双耳罐是姜戎遗存。[⑯]

　　有人将东周时期长城地带的双耳罐分为四期：一期年代为西周晚期至春秋早期，集中发现于河西走廊地区的沙井文化；二期年代为春秋中期至战国早期，类型急剧增多，分布遍及整个长城地带；三期年代为战国中晚期双耳罐类型减少，分布范围收缩；四期年代为秦至汉初仅余关中西部地区少量秦文化双耳罐。通过对东周之前发现的形制与东周各型双耳罐相似的标本进行分析，发现东周各型双耳罐有各自不同的来源，可以分别追溯到西北沙井、寺洼、辛店、四坝或齐家文化，大致可以反映戎狄在长城地带的活动轨迹。[17]

三、陶盉

齐家文化陶器中真正的神器是盉。当年安特生在兰州收购到一件精致的灰陶盉，顺藤摸瓜才发现了齐家坪遗址；齐家文化因此被命名。胡博注意到二里头陶盉具有铜器的特征如管流，薄片式手把，连接处有模仿铆钉痕迹；还有河南淅川下王岗遗址和伊川南寨二里头文化出土的灰陶盉，与安特生在兰州收购的齐家文化盉如出一辙。[18]四者的绝对年代还难以确定，模仿的铜器原型也还没有发现，是齐家文化影响中原地区还是二里头文化影响甘青地区还难以下结论。[19]这种陶器模仿青铜器或青铜器模仿陶器称之为仿制或模拟（skeuomorph）。此类陶盉如此稀罕，因为它们不是日常生活用具而是重要礼器。可以肯定平底或款足陶盉是二里头与齐家文化共同礼器或文化特征。

甘肃积石山县新庄坪出土陶盉一件，泥质红陶，单耳高领鼓腹平底，顶部有一管状流，通体磨光，制作规整，通高14.6厘米、底径5.6厘米。有人认为齐家文化中的红陶罐形盉是受二里头文化影响下产生的地方形式。[20]此外，河南伊川南寨二里头文化和甘肃庄浪刘堡坪出土齐家文化陶盉惊人相似。[21]二里头文化标志性的款足封顶陶盉亦见于齐家文化分布区。甘肃广河盉与二里头文化二期盉皆管状流，瘦长空袋足，宽带状鋬，鋬与腹之间有短柱相连。[22]

邹衡早就论述过鸡彝与夏之关联。《礼记》记载三代用于祭祀的酒器，"夏后氏以鸡夷，殷以斝，周以黄目"。夷读为彝，彝器即礼器。其中提到的三种祭器究竟为何物，斝比较明确，但对于鸡夷（彝）和黄目，自汉代以后即歧说纷纭。邹衡经过比较研究认为"鸡夷（彝）"就是二里头文化的封口盉，也就是龙山文化中常见的陶鬶。他形象地解说道："如果我们看看山东龙山文化中常见的红陶鬶，不用解释，就会想到这件陶器活像一只伸颈昂首、伫立将鸣的红色雄鸡。其实不独鬶如此，夏文化中常见的封口盉又何尝不像一只黑色或灰色的雄鸡！原来它们可能都是由共同的祖型——大汶口文化的鸡彝发展来的。"正因为它产生在东方，而在古代的东夷地区又曾经特别流行，因此它同时又有了"夷"的名。而金文中"彝"字的字形，像将鸡翅膀用绳索捆缚，左边落下血滴，表示宰后用双手捧送供神之状。古代有用杀鸡来盟誓的，用鸡祭祀更是东方的风俗。"正因为红色雄鸡是用于祭祀的牺牲品，而红色陶鬶是用于祭祀的'彝器'。"[23]许宏认可邹衡的推测，二里头文化酒器中与山东史前文化关系最为密切的，是早期的陶鬶，二里头文化的陶鬶也是中原地区同类器的最后形态。自二里头文化晚期始，敞口敞流的鬶逐渐为更具保温和防尘功能的封口筒流盉所取代。后者显然是由前者演变而来的。[24]

他们都没有指出二里头文化中鸡夷有两种。三足鸡彝源自东方没有问题，平底鸡彝可能来自西北。

杜金鹏对款足(空袋状足)封顶盉进行了系统考证：认为源自大汶口文化陶鬶，年代最早的封顶陶盉是A、B型，分别属于河南、湖北和陕西等地的龙山文化阶段，是龙山－二里头文化时期的温酒器；提到了两件临夏广河陶盉，认为属C型相当于二里头三期，经渭河流域来自二里头文化。他虽然不赞同把封顶陶盉作为确定夏文化的"一项有力的证据"，

图 5-6　甘肃省博物馆、临夏州博物馆和广河齐家文化博物馆展示各式陶盉集锦(2014)

但也并不否认封顶陶盉是夏文化陶器群中最重要的器物之一。㉕

齐家文化款足陶盉远不止两件，与款足陶盉同样重要或更精致的是平底陶盉。庞小霞等最近进行了综合考察，称之为壶形封顶盉，俗称为"象鼻盉"或"兽首盉"。㉖目前正式公布的材料只有十余件，集中在龙山文化晚期和二里头文化时期，无疑是重要的礼器。湖北天门肖家屋脊遗址、贯平堰遗址、河南淅川下王岗遗址、伊川南寨遗址、洛阳二里头遗址、甘肃庄浪刘堡坪遗址、浙江江山肩头弄遗址、福建光泽马岭遗址均有出土，他们认为源自湖北天门后石家河文化，沿丹江、淅水进入中原腹地；二里头文化时期随着文化的扩张向西传入甘肃东部，向东南传至浙南闽北。壶形平底盉不适合温酒，更适合斟灌。甘青地区采集和收藏的齐家文化平底壶形盉数以百计，有待系统深入研究。

注释:

①青海省文物管理处考古队等：《青海柳湾——乐都柳湾原始社会墓地》，文物出版社，1984年，第200—230页。

②许永杰等：《甘青宁地区的陶鬲》，《中国陶鬲谱系研究》，故宫出版社，2014年。

③梁星彭：《论客省庄二期文化》，《考古学报》1994年第4期。

④何驽：《郁邑琐考》，《考古学研究（十）》，科学出版社，2012年。

⑤冯汉骥等：《岷江上游的石棺葬》，《考古学报》1973年第3期。

⑥谢崇安：《略论西南地区早期平底双耳罐的源流及其族属问题》，《考古学报》2005年第2期。

⑦谢崇安：《略论西南地区早期平底双耳罐的源流及其族属问题》，《考古学报》2005年第2期。

⑧段渝：《古代氐羌与丝绸之路——兼论江源松潘地区在南北丝绸之路中的重要作用》，《松潘历史文化研究文集》，四川人民出版社，2014年。

⑨长江流域规划办公室考古队甘肃分队：《白龙江流域考古调查简报》，《文物资料丛刊(2)》，文物出版社，1978年。

⑩成都市文物考古研究所、阿坝藏族羌族自治州文管所、茂县博物馆：《四川茂县营盘山遗址试掘报告》，《2000成都考古发现》，科学出版社，2002年。

⑪四川省文物考古研究所、阿坝州文物管理所等：《四川汶川县姜维城新石器时代遗址发掘简报》，《考古》2006年第11期。

⑫故宫博物院、四川省文物考古研究院：《2005年度康巴地区考古调查简报》，《四川文物》2005年第6期。

⑬陈苇：《甘青地区与西南山地先秦时期考古学文化及互动关系》，吉林大学博士

论文，2009 年。

⑭许永杰：《长城沿线周秦时期双耳陶器的初步考察》，《北方文物》1992 年第 2 期。

⑮杨建华：《陕西清涧李家崖东周墓与"河西白狄"》，《考古与文物》2008 年第 5 期。

⑯王占奎：《晋地"姜戎氏文化"的线索》，《文物考古文集》，武汉大学出版社，1997 年。

⑰任秀芬：《东周时期北方长城地带的双耳罐研究》，吉林大学硕士论文，2013 年。

⑱袁广阔：《河南伊川县南寨二里头文化墓葬发掘简报》，《考古》1996 年第 12 期。

⑲L.G. Fitzgerald-Huber: The Qijia Culture: Paths East and West, *BMFEA* No.75, 2003.

⑳韩金秋：《夏商西周时期中原文化中的北方文化因素研究》，吉林大学博士论文，2009 年。

㉑张天恩：《天水出土的兽面铜牌饰及有关问题》，《中原文物》2002 年第 1 期。

㉒崔宗亮：《二里头文化与周边地区考古学文化交流研究》，吉林大学硕士论文，2011 年。

㉓转引自许宏：《最早的中国》，科学出版社，2009 年，第 114 页。

㉔许宏：《最早的中国》，科学出版社，2009 年，第 114 页。

㉕杜金鹏：《封顶盉研究》，《考古学报》1992 年第 1 期。

㉖庞小霞、高江涛：《先秦时期封顶壶形盉初步研究》，《考古》2012 年第 9 期。

第六章 齐家墓葬与社会

　　齐家文化继续了东亚新石器时代墓葬传统，又从中亚吸收了洞室墓、火葬及男女合葬文化，极大地丰富了中国墓葬文化。齐家文化墓葬的多样性反映了夏代社会文化的复杂性，亦可佐证齐家文化是夏文化。齐家文化多种多样的洞室墓体现了社会的复杂性，火葬墓体现民族文化和信仰的多样性，男女合葬墓体现了母系社会到男权社会的变革。齐家文化与夏朝不仅社会性质相同，又大体处于同一时空范围，从墓葬看可以肯定地说齐家文化就是夏代文化。

一、墓葬多样化与社会复杂化

东亚新石器时代主要墓葬型式是竖穴土坑墓和瓮棺葬，到了晚期马家窑文化时代才出现了洞室墓、火葬、木棺和石板墓。到了齐家文化时代洞室墓、男女合葬和火葬开始流行，墓葬形式明显多样化。齐家文化继承了东亚新石器时代的墓葬传统，又引进了中亚甚至西亚和东欧的墓葬型式，形成了独特而多样的齐家墓葬文化。齐家文化墓葬型式之多无与伦比，集了欧亚墓葬文化之大成；不仅在中国墓葬史上具有划时代的意义，亦是世界墓葬文化奇观。

齐家文化墓葬大多数仍然是竖穴土坑墓，洞室墓明显增多，并出现了火葬；单人葬为多，双人葬、三人葬和多人葬亦不少；葬式有仰身直肢葬、屈肢葬、侧身葬和俯身葬；大多为一次葬，二次葬比较少。齐家文化流行成年男女合葬墓和殉人墓，随葬品多寡悬殊，不仅体现了贫富分化及阶级对立，而且表明了男尊女卑进入了父权社会。成年男女合葬墓一般是男士仰身直肢，女性则侧身屈肢面向男性，随葬品大多集中在男性身边。成年男女合葬墓多为一次葬，女性为男性殉葬的可能性大。齐家坪发现有 8 人和 13 人同坑合葬，1 人是主人，其余可能是殉葬者。

　　齐家文化墓葬出现了葬具,独木棺尤其有特色。在青海乐都柳湾齐家文化墓葬发现木制葬具,可分为独木棺、长方形木棺与垫板三种,其中独木棺墓 184 座,长方形木棺墓 91 座,垫板墓 13 座。长方形木棺由木板拼成,棺外还有木条框架,采用榫卯结构结合。垫板是用一块大木板或两三块小木板拼接而成。其中数量多保存好最具特色的是独木棺:圆木一段,削去上部一小半,再将中部凿空成船舱状,底部削平,形似独木舟。独木棺的两端多数削成平头,但也有少数削成弧形的;多数长约 1.6—2 米,宽约 0.5 米。①独木棺文化传播到了西南和东北,向西至少可追溯到小河墓地。

　　整个东亚地区没有哪一个考古学文化墓葬多样性能与齐家文化相提并论,整个欧亚大陆也只有欧亚大草原西端伏尔加河流域和南部地区阿姆河流域差可比拟。齐家文化墓葬的多样性不仅反映其人群社会文化的复杂性,亦标志着东亚墓葬的革命性变化。本章难以全面论述,仅探讨齐家文化洞室墓、火葬和男女合葬墓的来龙去脉及其社会文化意义,发现与传说和历史记述的夏代社会状况若合符节。

二、洞室墓与游牧文化

　　洞室墓文化伴随屈肢葬、火葬和合葬,畜牧业发达,进入了青铜时代或父系社会时代,与印欧人或吐火罗有关。洞室墓及墓道的演进是欧亚大陆墓葬史上的革命性变化。齐家文化洞室墓与羌或月支、乌孙有关,向西向北可以追溯到欧亚草原西部的洞室墓文化,向东向南发展成秦汉砖室墓文化。追溯洞室墓的源流,可以展示东西文化交流的盛况。

　　洞室墓狭义指土洞墓,广义可包括砖室墓、石室墓。中国的洞室墓从新石器时代末期马家窑文化开始一直流行到唐宋时期,至今仍有人使用。洞室墓不仅存在于黄河流域和长城沿线,通过河西走廊、天山南北，可与中亚南部阿姆河流域洞室墓和欧亚草原西端洞室墓文化(Cata-combs Culture)连成一片。东欧乌克兰是洞室墓核心分布区，主要流行于青铜时代。洞室墓文化被不同的民族继承，传播到了几乎整个欧亚大陆：秦汉时代中国流行洞室墓，而古代罗马被称为"洞室墓之都"(Capital of Catacombs)。

国内学者中谢端琚较早关注洞室墓，对20世纪80年代前甘青地区发现的八百余座洞室墓进行了初步研究。他称之为土洞墓，认为是洞室墓的早期形式。②吴耀利注意到辽西地区也有类似的洞室墓，参考彩陶、石刃骨刀、双口壶的相似性，指出这是史前文化交流的结果。③梁星彭从张家坡西周墓葬探讨了洞室墓与羌人的关系。④滕铭予对关中秦墓中的洞室墓进行过考古类型学研究。⑤韩建业对中国先秦洞室墓进行了系统梳理，分成了三个系统，分别称之为北方传统、西方传统和秦传统，认为北方传统早于西方传统，秦传统最晚，三者各有渊源。⑥事实上，中国东北到西北的长城地带洞室墓非常类似、密不可分，均源于欧亚草原西部的洞室墓文化，孕育了秦汉洞室墓传统。

柳湾齐家文化墓葬中洞室墓占墓葬总数的13%，与半山类型洞室墓一脉相承，基本都是凸字形洞室墓，洞口以木棍或木板封堵，常见木棺，人骨绝大多数为仰身直肢葬。土坑墓仍然占绝大多数，但规模较大的多是洞室墓。柳湾972号墓是三人合葬大墓，

图6-1 柳湾彩陶博物馆齐家文化墓葬展示(2012)

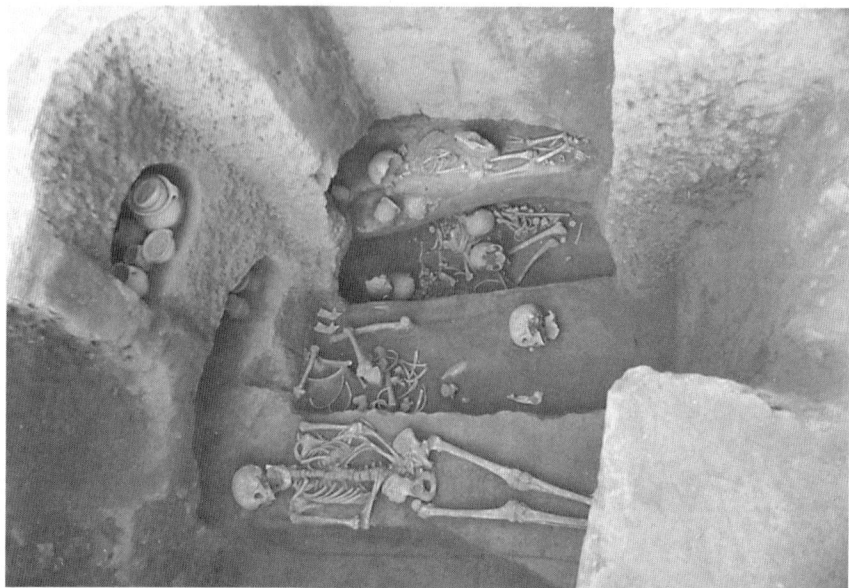

| 图 6-2　磨沟墓地 M290 多室墓(毛瑞林提供)

有墓道和墓室，通长 4.2 米，女主人在独木棺，从葬者一男一女在独木棺外；随葬品较多，计 33 件，其中陶器 26 件，包括高领双耳罐、双耳罐、双大耳罐、单耳罐、三耳罐、敛口罐、带嘴罐、侈口瓮、陶壶和鸮面罐，绿松石 6 颗，串珠 1 串。⑦

　　甘肃临潭磨沟墓地 2008 年共发掘齐家文化墓葬 346 座，其中洞室墓 243 座，约占墓葬总数的 70%。洞室墓又以单室居多，双室数量相对较少，还有少量多室墓。竖穴土坑墓多为单人葬，洞室墓多为合葬，也有少量单人葬。双偏室又可分上下和左右两类。M206 为竖穴墓道偏室墓，墓道左右两侧各有一个偏室，葬有八人可能是一家，其中两名成人六名儿童；陪葬 11 只牛角、1 只鹿角、1 件砺石、1 件石磨盘和少许铜屑。M303 亦为竖穴墓道偏室墓，墓道左侧有上、下两个偏室，还有头笼和脚龛；葬有五人，关系不清。M344 为多洞室墓，墓道左侧有上下两个偏室，右侧有一个偏室，还有头龛；葬有七人。⑧磨沟墓地洞室墓多种多样，堪称洞室墓王国或博物馆。

比齐家文化略早的马家窑文化半山、马厂类型中亦有洞室墓。青海柳湾墓地半山、马厂文化层洞室墓很多。甘肃省兰州土谷台墓地属于半山、马厂类型的墓地，发掘的84座墓中有60座是洞室墓，而属于半山类型的有31座，占同期墓葬总数的91%。宁夏海原菜园遗址墓群，有与马厂类型时代相当的洞室墓。

沙井位于齐家、四坝文化交汇区，沙井文化显然继承了一些四坝、齐家文化因素。四坝文化是在马厂文化基础上吸收外来游牧文化发展而来的青铜时代文化，主要分布于河西走廊和新疆哈密地区，碳十四数据绝对年代为公元前1950—前1550年。⑨四坝文化葬俗亦多样，常见竖穴土坑墓和洞室墓，还有竖穴积石墓；有单人仰身直肢葬、侧身屈肢葬、二次扰乱葬和合葬等；合葬墓的人数2～6人不等，以二人合葬者为主，主要是成年男女合葬。甘肃玉门火烧沟墓地除去少数竖穴墓，洞室墓占大多数。这个墓地的显著特征是以羊等动物作为随葬品，陶器少者一两件，多者十二三件，还有金、银、铜、玉器和绿松石珠、玛瑙珠、贝蚌饰等装饰品。沙井处于东西文化交流的要冲，沙井文化在洞室墓文化发展过程中起了承前启后的作用。沙井文化的相对年代目前尚未有地层上的证据，根据遗迹和遗物判断已进入铁器时代。永昌三角城、蛤蟆墩、西岗三处遗址采集木炭和木棒标本9件，经碳十四年代测定，绝对年代为公元前900—前409年之间，相当于中原地区西周至春秋晚期。⑩

沙井文化流行洞室墓，亦有普通竖穴土坑墓。据不完全统计，洞室墓略占多数，其中蛤蟆墩20座、西岗447座、柴湾岗113座，洞室墓分别为12、286、48，可统称为双湾墓葬。⑪西岗墓地数量最多且分布密集整齐，洞室墓占63%。竖穴底部普遍留有二层台，洞口用圆木或木棍封堵，最后覆盖芨芨草或草席以防止填土涌入墓室。葬式以仰身直肢葬为主，少量为侧身屈肢葬、二次葬和合葬，个别墓的人骨上有火烧的痕迹。柴湾岗墓地洞室墓占 42.44%，有较特殊的双竖井土洞墓，先挖两个直径约 1 米的圆坑深 1.5 米，再将两坑底部贯通成一个过洞，作为墓室。⑫

蛤蟆墩墓葬时代略晚，洞室墓占 60%。其中 14 座墓葬有殉牲，殉葬羊、牛、马、驴的墓葬分别占 92.9%、21.4%、21.4%、7.1%；个别墓殉羊头达 20 个，殉葬牛、马、驴的个体数均为 1。羊可能代表当时的经济方式，而马、牛等更有可能表示墓主的社会身份或地位。殉牲的部位多用头、蹄，亦称头蹄葬（sacrifices of the head and legs of domestic animals）。洞室墓和竖穴墓分别是 9 座和 5 座，洞室墓殉牲数量较多，马、牛只见于前者，说明洞室墓的级别相对较高。殉牲墓均为成年人墓，马只见于男性墓。⑬蛤蟆墩墓地最富有的一座墓 HM15 是典型洞室墓，墓主人为 50～55 岁的男性。洞内停放墓主人及随葬品；竖穴一侧置有二层台，封堵洞口的木棍共 18 根，上面覆盖一层芨芨草，最后再填以封土。葬式为单人仰身直肢葬，头北脚南，人骨保存完好，下颌骨及上、下肢骨均有黑色的烧痕。在竖穴坑填土中发现羊头骨 15 具、马头骨 1 具，集中放在墓的头向端。偏洞内也置有羊头骨两具，尚留有皮毛，表明是专为墓主人殉牲而宰杀的。随葬品均放在偏洞内，计有长方形木盘（盒）、圆形木筒、铜刀、骨珠、绿松石、骨镞、弓弭、铜泡等，共 20 多件。⑭

洞室墓有三个特点：随葬品复杂，有陶器、木器、骨角器、毛麻纺织品、皮革制品，还有铜器、铁器，已进入青铜或铁器时代；流行随葬羊、牛、马等的头和蹄等，畜牧业发达；墓内随葬品数量多寡不等，出现明显贫富不均和男尊女卑现象。沙井文化的经济形态是以畜牧业为主，

图 6-3　磨沟遗址 M446 洞室墓葬图（毛瑞林提供）

兼营农业和制陶业、冶铜业等多种手工业。他们畜养的牲畜有羊、马、牛和驴、骆驼等，以羊为主。农业生产工具有石刀、铲、斧和铁锄等，粮食加工工具有石臼、磨盘、磨棒等，有谷物朽灰等遗迹。遗址中还出土各种不同质料的箭镞、骨弓弭和石弹丸等工具，表明狩猎业也是不可缺少的生产活动。真正的或纯粹的游牧难以留下考古学文化。沙井文化是欧亚草原及附近地带存在诸多青铜或铁器时代定居农业与游牧混合文化的代表。

　　辛店、卡约文化中亦有类似洞室墓。卡约文化的相对年代与辛店文化的年代相若，晚于齐家文化。此外，陕西扶风刘家墓地的 16 座型制清楚的墓葬中有 15 座为洞室墓，占 93%。长安张家坡西周墓地有 21 座洞室墓，占 5% 左右。内蒙古准格尔朱开沟遗址中发现 30 座洞室墓，占墓葬总数的 43%。

中原地区没有发现早于四千年的洞室墓⑮，洞室墓的源头在西方。天山南北、伊犁河流域洞室墓的发现显示了传播的途径。苏贝希文化主要分布在天山山脉东段从乌鲁木齐至吐鲁番博格达山南北，基本为竖穴土坑墓和洞室墓，也有少量竖穴石室或石棺墓，墓室底部多有木框架或苇草等，既有单人葬，也有多人合葬，分一次葬和二次葬。洋海墓地、苏贝希墓地、三个桥墓地、柴窝堡墓地、交河故城墓地中都发现有洞室墓。三个桥墓地中有 10 座洞室墓，占墓葬总数的 37%；交河故城沟北一号墓地中有 12 座洞室墓，还有个别双洞室墓，占总数的 21%；其余各墓地仅有数座洞室墓。这些洞室墓绝大多数为二层台加半洞室的曰字形类，在三个桥墓地还有个别日字形类。韩建业认为来源于伊犁河流域，属"西方传统"的"天山支系"。⑯据碳十四测年数据推断苏贝希文化的绝对年代大约在公元前 1000 年至公元前后。

伊犁河发源于天山西段，自东向西北流入哈萨克斯坦巴尔喀什湖，伊犁河上游新疆境内与下游哈萨克斯坦境内的考古文化基本相同。喀什河畔的尼勒克县穷科克墓地发掘的 55 座墓葬中不仅有竖穴土坑墓和洞室墓，还有竖穴石棺墓，洞室墓占 58%，不同型制的墓葬分布在台地的不同区域。南山墓地中洞室墓占总数的比例高达 90%，其余墓地在 25%—45% 之间。这些洞室墓多有圆形土石堆或石圈等地上设施，并常见一个封堆下设双或三墓室的现象。上有坟丘，下有洞室，可称库尔干洞室墓。据碳十四测年数据，新疆伊犁河流域文化的绝对年代大约在公元前 1000 年到公元前后。这一文化很可能是这一历史时期在伊犁河流域有过长期活动的塞克或乌孙遗存。

邻近伊犁河流域的中亚地区早就流行洞室墓，阿姆河流域青铜时代的萨帕利文化、贝希肯特文化和瓦克什文化年代至少可早至公元前 2 千纪中叶。中亚洞室墓洞室部分较为宽大，且流行屈肢葬。伊犁河流域文化的洞室墓理应源自中亚地区，阿姆河流域古称巴克特利亚亦称大夏，现分属阿富汗、塔吉克斯坦和乌兹别克斯坦。[17]更早的渊源甚至可追溯至里海—黑海北部地区的洞室墓文化。[18]洞室墓的核心区位于黑海北岸伏尔加河下游乌克兰，盛行于早期青铜器时代(ca. 2800—2200 BC)，是在竖穴墓文化基础上发展起来的混合文化：陶器和石器源来欧洲，青铜和家畜来自亚洲，包括几种考古学文化。[19]

沙井文化之后，戎狄或匈奴和秦汉王朝均流行洞室墓。马家塬墓地被确认为戎人墓地。发掘的墓葬为阶梯式墓道竖穴洞室墓，竖穴东西向，墓主头向北，仅2009年发掘的M5、M7是竖穴土坑木棺墓。墓葬中普遍随葬马、牛、羊头和前蹄，M4、M16牛头的牛角上还套有铜帽或木帽。M17祭祀坑中分4层埋葬马头、牛头、羊头及蹄骨共226个个体。这些马头、牛头、羊头头向东方，表明在该墓地曾存在大规模的祭祀活动。[20]春秋战国时期宁夏南部和陇东地区的杨郎文化盛行洞室墓。其中马庄墓地型制清楚的29座墓葬中，28座都是洞室墓。[21]墓室或墓道中还殉葬大量牛马羊的头骨和蹄骨，多者头骨颌骨总数近200具。

宁夏同心倒墩子发现的匈奴洞室墓的型制、葬俗及殉牲摆放位置等，与沙井文化如出一辙。内蒙古中南部桃红巴拉文化也有战国早中期阶段的洞室墓，集中见于包头西园、凉城小双古城等墓地。这些洞室墓和天山、河西地区接近，而与甘青青铜时代洞室墓有较大差异，其主要来源应当在天山、河西地区。韩建业称之为"西方传统"的"长城支系"。

战国中晚期和秦代陇东和关中地区秦文化中流行洞室墓。流行洞室墓的半坡和塔儿坡墓地，前者发现101座洞室墓，占该墓地墓葬总数的90%；后者发现281座洞室墓，占墓葬总数的近74%。其次，黄家沟墓地有20座洞室墓，占该墓地墓葬总数的58%。关中地区出现洞室墓的年代是战国中期，最早出现洞室墓的地区是西安地区和大荔地区。秦早就与甘肃、宁夏地区的文化有接触，秦洞室墓的出现受到了中国西北地区墓葬型制的影响。战国时期秦的洞室墓比竖穴墓的规模小，随葬品也少，墓主人可能是西北地区的异民族。㉒秦始皇即帝位便开始修筑自己的陵园，并且采用了新的墓制：横穴式洞室墓。

进入汉代以后，秦文化并没有随着秦代政治上的消亡而消失，其中部分文化因素保存成为汉文化的组成部分。汉代洞室墓几乎普及到了全国。上至皇帝、诸侯，下到平民，其葬制都可用洞室墓。皇帝、诸侯王等大墓多是横穴式木室墓，还有横穴式石室崖墓。西汉中期洛阳金谷园墓地出现了用小砖砌成圆顶形墓室和小耳室的新式砖室墓。东汉时期流行黄肠石建成的石室墓和空心砖室墓，墓道亦由竖穴式向斜坡式转变。汉代是中国古代墓制从竖穴墓向洞室墓转换的关键时刻，自此洞室墓成为中国传统墓制。㉓

洞室墓的传播并不是孤立现象，与青铜游牧文化传播的大趋势密切相关。青铜冶铸技术和绵羊、山羊、黄牛、马与马车传播到了几乎整个旧大陆，带动了洞室墓的传播，有羊有铜的地方就有可能出现洞室墓。洞室墓与坟丘墓交叠，有些洞室墓也是坟丘墓。因此库尔干理论亦可借来解释洞室墓的传播。

洞室墓的扩散不只是文化传播，亦伴随人口的迁徙。洞室墓主人与印欧人或吐火罗人有关，即与月支有关。现代东亚人群绝不是清一色的蒙古人种，至少从青铜时代开始就不断有印欧人进入东亚。中亚是欧亚大陆群体中遗传多样性最高的地区，尤其是乌兹别克群体，是两次主要迁移浪潮的起源地，一次是向西进入欧洲的迁移，一次是向东进入美洲的迁移。㉔中亚人群东西大迁徙的过程，很有可能进入东亚或中原。

古人类学骨骼测量和古 DNA 研究表明，大约四千年前印欧人就至少进入了中国西北，新疆大量木乃伊的发现是有目共睹的证据。根据韩康信等研究新疆青铜时代人种以印欧人为主，包括三种类型：帕米尔—费尔干纳型(Pamir-Fergana)、原始欧洲类型(Proto-European)和地中海类型(Mediterranean)，蒙古人种只占其中小部分。㉕哈萨克斯坦 36 具(1300B.C.—500A.D.)人骨 mtDNA 分析表明早期的均为印欧人，可能与新疆的吐火罗人有关，晚期才出现蒙古人种，共存于哈萨克草原。㉖新疆吐鲁番盆地以及罗布泊地区青铜—早期铁器时代古代居民的 mtDNA 系统发育分析实验结果表明：至少在汉代以前欧洲和东亚谱系在新疆境内存在双向渗入，亚洲序列向西渗入比较零碎，不如欧洲谱系成分东进活跃。㉗梅维恒、金力等中美学者联合对小河墓地基因进行深入比较研究，Y 染色体分析揭示只有印欧人单倍群 R1a1a，而线粒体分析表明既有东方标志性的单倍群 c，又有西方标志性单倍群 h 和 k。新疆的古人类群体属于东亚人群(黄种人)和欧洲人群的混合体。东西方人类文化交流可上溯至 4000 年前。㉘

　　杨希枚对新中国成立前安阳出土的数百个头骨进行了精心测量和研究，发现其中个别具有明显印欧人特征。㉙李济研究了这个测量结果的意义，认为第三组头骨"类高加索人"可能是商朝的敌人，其人种特征与卜辞所反映出的来自西北方向羌方、鬼方、土方相合。㉚新中国成立后殷墟遗址新发现的人骨表明不是个别而是相当多的人源于印欧人。㉛

　　《诗经·商颂》记载："昔有成汤，自彼氐羌，莫敢不来享，莫敢不来王。"商代西北方向羌人最活跃，养羊是文化标志。㉜中国数百处经科学发掘的新石器时代遗址中大约有四十处出土过羊骨或陶羊头。目前已发现的年代最早的新石器时代遗存中都没有羊的骨骸。磁山的动物群中没有羊，裴李岗也没有发现羊骨，只有陶制的羊头，但造型简单，羊角粗大，形状似野盘羊的角，不大可能是家羊，西安半坡的绵羊标本很少，不能确定是家羊。兴隆洼文化和大地湾大化遗址中也未发现羊骨。河姆渡文化遗址中出土的陶羊头表现的既不是绵羊，也不是山羊，而可能是苏门羚。这说明羊在东亚新石器时代时代混合农业经济中所占比重不大，几乎可以忽略不计。新石器时代遗址中出土的少量羊骨（如确是山羊或绵羊）只表明羊及其相关技术已传播到东亚，为青铜时代东亚养羊业的发展打下了基础。

进入青铜时代后，从新疆到中原遗址中羊的数量明显增多。在齐家文化和殷墟遗址中均有完整的羊骨骼出土。羊在青铜时代人们经济生活和精神生活中的地位明显增高。到了商代，在西北羌人已以养羊为业，并以此著称。到了周代，中原养羊亦已蔚然成风。③山羊和绵羊是不同的物种，在驯化的初期就表现出明显的多样性，都是由至少两个亚种分别驯化而来。欧洲、非洲、南亚和中亚的绵羊和山羊可能来源于西亚。根据 mtDNA 山羊可分为四系，A 系源于西亚，B 系源于巴基斯坦；A、B 两系占主流；C、D 两系罕见㉞。通过对 13 个品种 183 只山羊完整 mtDNA D-loop 研究表明中国山羊亦可分为四系，A 系占主流，B 系次之，C、D 两系仅见于西藏。㉟mtDNA 研究发现西亚绵羊可分为三个亚种，其具体驯化过程比以前想象的还要复杂。通过对东亚 13 个地区 19 个品种 449 只 "本土" 绵羊的 mtDNA 研究。没有发现独特的遗传标志，支持东亚绵羊像欧洲绵羊一样来自中亚或西亚。㊱二里头遗址绵羊骨骼 mtDNA 分析表明与小尾寒羊、湖羊、蒙古羊、同羊相同，均属于 A 系；盘羊、羱羊并不是中国藏系绵羊和蒙古系绵羊的祖先。㊲分子遗传学不支持东亚特别是中原、东北亚作为山羊或绵羊的起源地。西宁大通县长宁乡长宁村齐家文化遗址与二里头遗址绵羊均属于 A 系。㊳

中国新石器时代墓葬相对简单，以竖穴土坑葬或瓮棺葬为特征；进入青铜时代墓葬形式日益复杂。甘青地区更是如此：大地湾一期文化、

图 6-4 磨沟遗址 M901 坟墓封丘（毛瑞林提供）

仰韶文化、马家窑文化竖穴土坑墓占绝对多数，齐家文化、四坝文化、卡约文化、辛店文化、寺洼文化、诺木洪文化和沙井文化墓葬形式多种多样。有羊有马的地方就有可能出现洞室墓，或者说洞室墓中可以找到羊踪马迹。进入青铜时代甘青地区的文化成了混合文化，其主人也不可能单纯。中国古代洞室墓是青铜游牧文化东向发展的结果。从新石器时代末期的个别洞室墓至汉代普及全国，体现了中国接受外来文化的过程。竖穴土坑墓与洞室墓的彼此消涨大致可以反映本土文化与外来文化之关系。

三、火葬与羌戎

火葬与洞室墓的起源和传播大同而小异。《墨子》《列子》等提到羌人实行火葬，而火葬源自并盛行于印欧语系民族。氐、羌文化遗存如寺洼文化、辛店文化发现了装骨灰的陶罐。目前东亚最早的火葬墓见于约四千年前的宗日遗址,发掘者也推测应属于早期羌人文化。㊴最近又在磨沟墓地发现了齐家文化火葬墓和坟丘,应该也与羌人有关。

西北地区的火葬墓主要分布于甘青一带的黄河及其支流湟水、洮河流域,青铜时代火葬墓时有发现。考古发现火葬方式有三种:一是焚烧后拣骨入罐下葬;二是先埋葬然后再掘穴焚棺、尸;三是将焚烧的尸骨直接葬入墓穴。焚尸扬灰亦有可能,但考古难以发现。因此,考古发现的火葬墓不多,只能反映上古西北火葬风俗的一小部分。

早在 1945 年夏鼐在甘肃临洮寺洼山发掘的一座墓葬,发现其中一个陶罐内就存放着火化的尸骨。他由此推断寺洼文化与氐羌有关:"洮河流域在古代适在氐羌的区域中,并且由文献方面我们知道,由春秋至唐代,氐羌中有部落确曾实行过火葬制。这次火葬的发现,增强了寺洼文化和氐羌民族的关系。"㊵上古时期羌人的活动范围十分广阔,而黄河上游及各大支流湟水、大通河、洮河一带则是羌人活动的中心。1988 年青海化隆半主洼卡约文化墓地发掘火葬墓两座。M2 棺内人骨经过二次扰动,木棺曾被火烧;M10 棺内人骨用泥土包住后火烧。㊶卡约文化主要分布于青海境内的黄河沿岸和湟水流域,火葬是特征之一。

较早的火葬资料还见于马家窑文化半山类型墓葬。兰州花寨子墓地 M3 木棺经火烧,但人骨保存较好,可能是火葬。循化苏呼撒墓地发现 4 座半山类型的火葬墓(M77、M100、M101、M110)。M100 为长方形竖穴木棺墓,尸骨及木棺均被火烧过,墓穴四壁火烧痕迹达 4 厘米。木炭、碎骨混于填土中,陶器与碎陶片均散乱分布于墓底或填土中。这些火葬墓的共同特点是,先将死尸入棺下葬,而后再掘穴焚烧棺、尸,并且对墓内尸骨和随葬品进行扰乱。以 M100 为代表的几座火葬墓,在半山文化中尚属首次发现,这种奇特的葬俗应与当时居民的某种特殊意识有关。M100 墓穴长 260 厘米、宽 120 厘米、深 300 厘米,随葬陶器完整者四件,有盆、罐、碗，完整陶器与碎陶片均散乱于墓底或混于填土中。M101 墓穴长350 厘米、宽 260 厘米、深 180 厘米，是最大的一座墓。[42]值得注意的是火葬墓规模相对较大，可以反映墓主的社会地位相对较高。

苏呼撒火葬墓同宗日火葬墓葬俗颇多相似。宗日墓葬共有 39 座被扰乱，占总数的 13%，墓穴被挖成不规则形，随葬品被毁坏，墓内颅骨破碎或上半身骨骼散乱不全，其中有不少墓的棺材被付之一炬。为了便于二次扰乱，初埋时往往在墓上堆石作为标志，因而扰乱后的填土中夹杂有石块以及葬具被焚后形成的木炭、草灰、烧土块和破碎的陶器等。苏呼撒、宗日以及年代较晚的寺洼等墓地均分布于黄河上游，这种习俗应与早期羌人的丧葬文化关系密切。

稍晚的火葬遗迹在中国西南和东北和中原均有发现。[43]西南地区形成了火葬文化传统，[44]且与羌人有关。[45]汉藏语系藏缅语族的许多民族都有火葬习俗，如藏、彝、白、哈尼、纳西、傈僳、拉祜、基诺、普米、独龙、怒、土家等民族，历史上均与羌族有一定的渊源关系。纳西人自认为来自北方，火葬时死者面朝北，欲将亡灵送往祖先之地。彝族从古至今盛行火葬，史志不乏记载，谓其"死丧无棺撑，以火麻缚尸坐而化之"。大、小凉山彝族将焚尸场设于村外荒野，以木柴搭架，男九层，女七层；火葬时以烟气直升高空为吉，烟气斜升或弥漫则不祥，显然与灵魂升天观念至关密切。

东北青铜时代也流行火葬，亦始于新石器时代晚期，流行于青铜时代，盛行石质葬具。从庙后山 B 洞一直持续到马城子青铜时代早段结束为止，均为单人葬；自马城子青铜时代晚段出现合葬，到岗上、楼上墓地开始发现大批丛葬。葬式变化所见社会制度从氏族到家庭及以后的逐步成熟。有人注意到 A 区火葬墓由地表以上逐渐发展到完全处于地表以下，B 区则是由完全处于地表以下逐渐发展到半地下半地上；认为 A 区火葬自成体系独立起源，B 区火葬起源应到早于 B 区出现火葬的仰韶文化中寻找。[46]我们认为独立起源的可能性不大，可能与长城沿线北羌或戎狄的活动有关。

周人兴起于羌人地区。羌姜同源，周朝是姜姬联合建立的王朝。周人与羌人不仅血缘相亲，亦有地缘关系，关中周王朝统治核心区亦流行过火葬。2001 年陕西华县东阳墓地发现 2 座西周时期的火葬墓，周原扶风黄堆和周公庙 32 号墓也发现有火烧现象，说明在周人统治的近畿或中心地区也有火葬的习俗。关中地区西周火葬墓的形式、形成原因有待深入探讨，可能是一种处理意外死亡的方式，更有可能是具有较高地位死者的葬俗。[47]

《诗经》《尚书》所载与周人青铜器铭文表明周之先人死后魂灵在天上，称魂灵曰"严"，魂灵升天曰"登"或"登天"，与殷人正好相反。原来周人出自西戎姬姓，故保留有西戎习俗文化，而西戎习俗是实行火葬的。义渠戎之葬俗表明"严""登"出自戎语。据现在资料推测，周人先祖亦可能实行火葬，周人废弃火葬、实行土葬当是在太王古公亶父迁周以后。[48]

古代中国火葬并不盛行。儒家主张"入土为安"，厚葬才是孝道。《周礼》亦有明文："众生必死，死必归土。"中原或东亚新石器时代墓葬中没有发现火葬墓，边疆地区火葬不可能起源于中原或东方。《墨子·节丧下》："秦之西有仪渠之国，其亲戚死，聚薪柴而焚之，烟上谓之登遐，然后成为孝子。"仪渠国是春秋战国时期秦国西北一个羌戎部落，它的疆域据《括地志》所记在唐代的宁(今甘肃宁县)、庆(今甘肃庆阳)二州，秦时属北地郡，汉朝时在此设置义渠道。

童恩正研究过东北—西北—西南地区考古学材料中发现的共同文化因素，指出这里存在着一个半月形文化传播带。[49]他发现火葬是半月文化传播带的共同因素，但没有留意新疆地区的火葬墓，没有找到火葬墓的源头。⑤

《荀子·大略》："氐羌之虏也，不忧其系缧也，而忧其不焚也。"《列仙传》载："宁封子者，黄帝时人也，世传为黄帝陶正。……封子积火自烧，而随烟气上下，视其灰烬，犹有其骨。"此书虽托名刘向撰，但成书亦不晚于魏晋。所记传说不但表明当时中原已有借烟火升遐现象，还曲折反映了远古时期华夏部落也存在焚人习俗。黄帝已升天，亦可能是火葬，留下的只是衣冠冢。其实在甲骨卜辞中已出现"燔祭"，即焚人祀天。能够借助燔烧仪式升天者，大概限于部落首领、巫师一类人物。文献和考古证据都表明火葬文化只可能来自西方。

新疆青铜时代流行火葬，型制可分为石封堆火葬墓、土封堆火葬墓和无封堆火葬墓。第一阶段以喀什下坂地墓地和帕米尔高原古墓为代表，以石封堆火葬墓为主，年代大约为公元前1000年以后至公元前500年前后。第二阶段以轮台群巴克和库尔勒上户乡的火葬墓为代表，以土封堆火葬墓为主，年代大约为公元前800年左右至公元前200年前后。第三阶段以且末加瓦艾日克墓地、交河故城一号台地墓地、尼雅95MN1号墓地的火葬墓为代表，以无封堆火葬墓为主，年代大约为公元前300年到公元100年前后。⑤

1976—1977年帕米尔高原塔什库尔干塔吉克自治县香宝宝发掘了四十座古代墓葬。这些墓葬地表有石围或石堆标志，下为竖穴土坑墓室，少数墓底铺一层非常细密的织物，有的用圆木搭成井字形木框，当作葬具。这四十座墓葬在葬俗上截然分为两类：土葬21座，火葬19座。将这两种不同葬俗的墓比较，可以看出火葬墓的墓口均不见棚木，也基本无葬具；土葬墓中部分墓口有棚木，有的有葬具。随葬品上的差别更为明显，火葬墓仅1座墓出铜耳环1件，两座见残铁块，三座墓中见若干残陶片。

墓地出土的 27 件陶器,绝大多数的铜、木、石、金器均出于土葬墓中。
从出土文物和碳十四数据看,这批墓葬时代在春秋战国之际。㊿

　　1985—1987 年轮台县天山南麓的群巴克乡西北发现了三处墓地,
均属于青铜时代到早期铁器时代的转化阶段,绝对年代晚于公元前 1000
年。I 号墓地有 43 座墓,全部发掘,墓葬地表均有圆形封土堆,最大的
直径 30—40 米、高 1—2 米。封土堆表面未见火葬痕迹。其中一些墓葬
结构独特,在同一封堆下,中心为一大墓,大墓周围又绕以许多小墓,大墓
实行火葬,小墓则实行土葬。发掘者认为墓葬族属与羌族有关。㊾对墓地
保存稍好的一个头骨进行人种学鉴定,认为具有欧罗巴人特征, 可能与
塞克人有关。㊼ "六夷七羌九氐……死则烧其尸。" 叶尔羌河流域亦被认
为是羌人故里,他们沿昆仑山脉、祁连山脉进入东亚, 婼羌、羌塘均是
羌人留下的踪迹。

　　欧亚大草原西端青铜时代晚期火葬演变为独特的骨灰瓮（场）文化。㊽
骨灰瓮文化(urnfield culture)是源于中亚或东欧的青铜时代印欧人创
造的文化。㊿欧洲新石器时代土葬和火葬均流行, 并可追溯到旧石器时
代。青铜时代潘诺尼亚平原和多瑙河一带尤其盛行。《伊里亚特》中帕特
洛克洛斯就是火葬,被认为是最早描述的火葬仪式。荷马时代地中海人
实行土葬,但在荷马笔下的英雄用火葬,火葬似乎是一种并不普遍但较
高级的葬法。西塞罗说: "在罗马,土葬被认为是较古老的仪式,不过
最尊贵的公民传统都是火葬的, 尤其是上层阶级和贵族家庭的成员。"
古希腊、罗马人一般会将火葬与军事表扬仪式一同进行。伊特鲁里亚出
土了许多骨灰瓮,新疆亦不时有骨灰瓮出土。

　　雅利安人或印度伊朗人有类似的文化传统。早期的波斯人实行火
葬,在琐罗亚斯德时期被禁止了;但人们还是常从火葬联想到拜火教。
婆罗门教明确规定进行火葬。印度教和佛教皆崇尚火葬,将肉体视为让

灵魂攀附的工具。《薄伽梵歌》提到："就像脱去旧衣服，然后穿上新的；死后灵魂离开身体，然后获得一个新的。"印度教教徒火葬进行时举行礼拜或祈祷仪式，协助灵魂进入另一个世界。佛教承袭婆罗门教思想也实行火葬。释迦牟尼佛在世时，印度以火葬为正仪；佛涅槃后，举行火葬。

中国内地兴起火葬的观念在佛教传入之后。《大唐西域记·印度总述》："送终殡葬，其仪有三：一曰火葬，积薪焚燎；二曰水葬，沉水漂散；三曰野葬，弃林饲兽。"传至汉地，隋唐开始，佛家居士亦多火葬。印光法师云："自佛法东来，僧皆火化。而唐宋崇信佛法之高人达士，每用此法。以佛法重神识，唯恐耽著身躯，不得解脱。焚之则知此不是我，而不复耽著。又为诵经念佛，期证法身。"佛教文化继承了印欧人流行的骨灰瓮葬，后来这种墓葬方式亦随青铜文化或佛教从中国传播到了韩半岛和日本。(57)

四、男尊女卑与父权社会

张忠培系统梳理过中国史前合葬墓，对女系男权社会的变革做过多次论述：从齐家文化葬制可以看出与罗马家族有许多共同特征，达到了恩格斯说的父权统治的典型阶段，应把齐家文化时期划入父权制时代。(58)中国新石器时代男女合葬墓并不多见，主要见于黄河下游大汶口文化和上游马家窑文化，大体而言男女基本平等。到了青铜时代即齐家文化时代出现了赤裸裸的男女不平等，表现最露骨的是柳湾、皇娘娘台、秦魏家三大遗址。

柳湾墓地发掘马厂类型墓 1000 余座，占总墓葬 60%，一般可分为大、中、小三种类型。小型墓随葬陶器 10 多件，最多也只 30 多件，中型墓随葬器则达五六十件左右，70 余件以上的可谓大型墓。发掘出的

| 图 6-5　永靖博物馆展示秦魏家遗址男尊女卑墓（2014）

第 564 号墓，墓室全长约 5 米，宽和深各 3 米左右，墓主人为 40 多岁之男性，这个墓随葬文物颇多，除了石刀、石斧、石凿和一件绿松石装饰品外，仅陶器就有 91 件之多，这些陶器中，彩陶又占绝对优势。马厂类型 44 座合葬墓中尸体集装一棺的 16 座，放置于垫板上的 14 座，无葬具的 14 座。如 33 座半山类型合葬墓，死者之间可能有主次之分，却无男女之别。马家窑文化时代贫富分化明显，但还看不出男尊女卑。

柳湾遗址齐家文化墓葬主要通过棺内棺外和葬姿体现男女不平等。齐家文化 366 座墓葬中合葬墓 23 座，二人合葬墓 20 座，三人、四人、五人合葬各一座。20 座合葬墓中成对成年人合葬墓 16 座，11 座两人均为一次葬，一位死者仰身直肢躺卧棺内，另一人则被置于棺外一侧，有的下肢还微作屈肢，有些被压于棺下，个别死者下肢还压着大石块。这清楚地显示棺内死者的地位居尊，棺外的死者处于从属地位，被置于棺外的死者确认为女性。确定性别的合葬墓中，女性尸体旁的工具是纺轮，男性随葬的工具为石斧、石刀、石凿、石锛，可见男女分工已经明显。M314男仰身直肢平躺于木棺内，40至45岁；女在棺外右下角侧身屈肢面向男性，一条腿被压在棺下，16至18岁，显然是为墓主人殉葬。M979五人合葬，男子仰卧在独木板内，其余四人仅存头骨皆放置在棺外，带有殉葬性质，显示出阶级压迫的缩影。此时的社会组织内部贫富不均，男女不平等，已进入了军事民主制阶段了。⑨

皇娘娘台遗址第四次发掘发现10座成年男女合葬墓和2座一男两女合葬墓具有特别重要的意义。男女合葬墓主要通过葬姿和陪葬物来体现男尊女卑。男性居左仰身直肢，女性居右侧身屈肢。M52男性侧身直肢居左，女性侧身屈肢居右；随葬的20件石璧全部集中在男性骨架上，脚下方随葬陶罐7件、平底尊1件、豆1件、幼猪下颚骨7具、小石子186颗，在男性骨架下还垫有粗玉石片4块。M76尤为特殊，男性仰身直肢，女性屈肢侧身背靠男性，两手并拢举于前方，"似捆绑所至"。

M48长2.6米、宽1.48米、深1.15米，合葬一男二女，男性仰卧居中，左右各卧一女，侧卧屈肢面向正中；男性身上随葬玉璜1件、石璧83件。这反映出当时社会贵贱等级分明，男性占有统治地位。⑩

秦魏家遗址下层墓葬未见成人合葬，上层24座合葬墓中有15座成人合葬墓最有特色：男性仰身直肢、侧身直肢或俯身直肢居右，女性屈肢侧身居左，生动地展示了女性卑躬屈膝的形象。⑪

齐家文化男女合葬墓清楚地显示了男尊女卑，标志着进入了男系父权社会。历史记载表明中国从夏代开始进入父权社会。大禹传启标志父死子继男权社会的确立。《史记》记载的夏代世系显然是典型的男系父权社会。考古发现齐家文化社会与历史记载的夏代社会状况正好吻合。

新石器时代晚期或末期东亚已有明显的贫富分化，但男女仍然相对平等。进入青铜时代，男尊女卑现象日益明显。新石器时代晚期偶有男女合葬墓，看不出男女不平等；齐家文化流行男女合葬，男尊女卑十分明显。齐家文化至今没有发现大墓可能与火葬文化有关。周的先人和夏人可能实行火葬，亦可能是至今没有发现夏代和周室王室墓的一个原因。

齐家文化继续了东亚新石器时代墓葬传统，又从中亚吸收了洞室墓、火葬及男女合葬文化，极大地丰富了中国墓葬文化。齐家文化墓葬的多样性反映了夏代社会文化的复杂性，亦可佐证齐家文化是夏文化。齐家文化多种多样的洞室墓体现了社会的复杂性，火葬墓体现民族文化和信仰的多样性，男女合葬墓体现了母系社会到男权社会的变革。齐家文化与夏朝不仅社会性质相同，又大体处于同一时空范围，从墓葬看可以肯定地说齐家文化就是夏代文化。

注释:

①青海省文物管理处考古队等：《青海柳湾——乐都柳湾原始社会墓地》，文物出版社，1984年，第170—171页。

②谢端琚：《试论我国早期土洞墓》，《考古》1987年第12期。

③吴耀利：《从红山文化看我国东西部史前文化的交流》，《红山文化研究》，文物出版社，2006年。

④梁星彭：《张家坡西周洞室墓渊源与族属探讨》，《考古》1996年第5期。

⑤腾铭予：《论关中秦墓中洞室墓的年代》，《华夏考古》1993年第2期。

⑥韩建业：《中国先秦洞室墓谱系初探》，《中国历史文物》2007年第4期。

⑦青海省文物管理处考古队等：《青海柳湾——乐都柳湾原始社会墓地》，文物出版社，1984年，第187—189页。

⑧甘肃省文物考古研究所等：《甘肃临潭县磨沟齐家文化墓地发掘简报》，《文物》2009年第10期。

⑨中国社会科学院考古研究所编：《中国考古学中碳十四年代数据集（1965—

1981)》，文物出版社，1983 年。

⑩中国社会科学院考古研究所编：《中国考古学中碳十四年代数据集(1965—1991)》，文物出版社，1991 年。

⑪洪猛：《双湾墓葬及沙井文化相关问题研究》，吉林大学硕士论文，2007 年。

⑫甘肃省文物考古研究所：《永昌西岗柴湾岗——沙井文化墓葬发掘报告》，甘肃人民出版社，2001 年。

⑬洪猛：《双湾墓葬及沙井文化相关问题研究》，吉林大学硕士论文，2007 年。

⑭甘肃省文物考古研究所：《永昌三角城与蛤蟆墩沙井文化遗存》，《考古学报》1990 年第 2 期。

⑮山东大学方辉教授告知山东后李遗址八千年前左右地层出现过洞室墓；昙花一现，后继无人。

⑯韩建业：《中国先秦洞室墓谱系初探》，《中国历史文物》2007 年第 4 期。

⑰《中亚文明史》第一卷，中国对外翻译出版公司，2002 年，第 286—298 页。

⑱韩建业：《中国先秦洞室墓谱系初探》，《中国历史文物》2007 年第 4 期。

⑲The Catacomb culture, ca. 2800-2200 BC, refers to an early Bronze Age culture occupying essentially what is present-day Ukraine. It is seen more as a term covering several smaller related archaeological cultures. The culture was the first to introduce corded pottery decorations into the steppes and shows a profuse use of the polished battle axe, providing a link to the West. Parallels with the Afanasevo culture, including provoked cranial deformations, provide a link to the East. It was preceded by the Yamna culture and succeeded by the western Corded Ware culture. The Catacomb culture in the Pontic steppe was succeeded by the Srubna culture from ca the 17th century BC.

⑳早期秦文化联合考古队等：《张家川马家塬战国墓地 2008—2009 年发掘简报》，《文物》2010 年第 10 期。

㉑韩建业：《中国先秦洞室墓谱系初探》，《中国历史文物》2007 年第 4 期。

㉒《史记·秦本纪》有秦与诸戎作战，使他们臣服的纪录。《汉书·匈奴传》记载昭襄王之母宣太后和义渠王私通并生子，后戎王被杀死于甘泉宫。

㉓〔日〕高滨侑子著，韩钊译：《中国古代洞室墓》，《文博》1994 年第 1 期。

㉔Spencer Wells R. et al: The Eurasian Heartland: A continental perspective on Y-chromosome diversity, *PNAS*, Vol. 98 No. 18 10244-10249, 2001.

㉕Han Kangxin: The Physical Anthropology of the Ancient Populations of the Tarim Basin and Surrounding Areas, pp. 558-570, In *The Bronze Age and Early Iron Age Peoples of Eastern Central Asia*, ed by V. H, Mair, 1998.

㉖Lalueza-Fox C. et al: Unraveling migrations in the steppe: mitochondrial DNA sequences from ancient central Asians, *Proc Biol Sci*, 271(1542), 941 - 947, 2004.

㉗崔银秋、周慧：《从 mtDNA 研究角度看新疆地区古代居民遗传结构的变化》，《中央民族大学学报》(哲学社会科学版) 2004 年第 5 期。

㉘Chunxiang Li et al: Evidence that a West-East admixed population lived in the Tarim Basin as early as the early Bronze Age, *BMC Biology*, 2010. http://www.biomedcentral.com/1741-7007/8/15.

㉙杨希枚：《河南安阳殷墟墓葬中人体骨骼的整理和研究》，《"中央"研究院历史语言研究所集刊》四十二本二分，1970 年。韩康信、潘其风《殷代人种问题考察》（《历史研究》1980 年第 2 期）有不同看法，参见中国社会科学院历史研究所等编：《安阳殷墟头骨研究》，文物出版社，1985 年。1991 年杨希枚先生告诉我他坚信安阳殷墟遗址中有印欧人的骨骼，也是李济和 Coon 的观点。

㉚李济：《安阳》，河北教育出版社，1996 年，第 265 页。"布略特人" 现译布里亚特人，"爱斯基摩人" 现称因纽特人。

㉛2006 年 "商文明国际学术会议" 期间从唐际根博士得知尚未公布的部分殷墟人骨 DNA 测试结果，进一步证实了这一点。殷墟人类遗骨 DNA 研究开展了十余年，结果因故暂不公布。

㉜焦虎三：《甲骨文中的 "羊" 与 "羌"》，《现代人类学通讯》第六卷，2012 年，第

84—97 页。

㉝易华:《青铜之路:上古西东文化交流概说》,《东亚古物》A 卷,文物出版社,2004
年。

㉞J.Luikart et al: Multiple maternal origins and weak phylogeographic
structure in domestic goats, *PNAS*, 98,2001:5927-5932.

㉟R.Y.Liu et al: Genetic diversity and origin of Chinese Domestic
goats revealed by complete mtDNA D-loop sequence variation, *Asian -Aus-
tralasian Journal of Animal Sciences*, 20(2), 2007:178-183.

㊱Shan-yuan Chen et al: Origin, genetic diversity, and population
structure of Chinese domestic sheep, *GENE*, 376, 2006:216-223.

㊲蔡大伟:《古 DNA 与家养动物的起源研究》,吉林大学博士论文,2007 年。

㊳蔡大伟等:《中国绵羊起源的分子考古学研究》,《边疆考古研究》第 9 辑,科学出
版社,2010 年。

㊴青海省文物管理处等:《青海同德县宗日遗址发掘简报》,《考古》1998 年第 5 期。
陈洪海等:《试论宗日遗址的文化性质》,《考古》1998 年第 5 期。

㊵夏鼐:《临洮寺洼山发掘记》,《中国考古学报》第 4 期,1945 年。

㊶《青海化隆县半主洼卡约文化墓葬发掘简报》,《考古》1996 年第 8 期。

㊷李伊萍、许永杰:《青海循化苏呼撒墓地》,《考古学报》1994 年第 4 期。

㊸姜仁求:《中国地域火葬墓研究》,《震旦学报》第 46、47 期,1979 年。

㊹罗开玉:《古代西南的火葬墓》,《四川文物》1991 年第 3 期。

㊺马宁:《羌族火葬习俗探析》,《阿坝师专学报》2005 年第 2 期。

㊻沙莎:《东北地区史前火葬墓研究》,辽宁师范大学硕士论文,2014 年。

㊼王志友:《关中地区发现的西周火葬墓》,《西北大学学报》2005 年第 5 期。

㊽张平辙:《周之先人火葬说》,《西北师范大学学报》1994 年第 5 期。

㊾童恩正:《试论我国从东北至西南的边地半月形文化传播带》,《文物与考古论集》,
文物出版社,1987 年。

㊿刘学堂:《新疆地区早期火葬墓及相关问题试析》,《西北民族研究》1997 年第 2

期。

(51)袁萌泽：《新疆古代火葬现象试析》，中央民族大学2012年硕士论文。

(52)新疆社会科学院考古研究所:《帕米尔高原古墓》,《考古学报》1981年第2期。

(53)中国社会科学院考古研究所新疆队、新疆巴音郭楞蒙古自治州文管所:《新疆轮台群巴克古墓第一次发掘简报》,《考古》1987年第1期;《新疆轮台群巴克墓葬第二、三次发掘简报》,《考古》1991年第8期。

(54)刘学堂：《新疆地区早期火葬墓及相关问题试析》，《西北民族研究》1997年第2期。

(55)The Urnfield culture (c.1300 BC - 750 BC) was a late Bronze Age culture of central Europe. The name comes from the custom of cremating the dead and placing their ashes in urns which were then buried in fields. The Urnfield culture followed the Tumulus culture and was succeeded by the Hallstatt culture.[1] Linguistic evidence and continuity with the following Hallstatt culture suggests that the people of this culture spoke an early form of Celtic even proto-Celtic originally.

(56)Fokkens H.: The genesis of urnfields: economic crisis or ideological change, Antiquity, 1997.

(57)山本孝文：《百济火葬墓考察》，《韩国考古学报》第50辑，2003年。

(58)张忠培：《中国父系氏族制发展阶段的考古学考察(续)》，《吉林大学社会科学学报》1987年第2期。

(59)青海省文物管理处考古队等：《青海柳湾—乐都柳湾原始社会墓地》，文物出版社，1984年，第259页。

(60)甘肃省博物馆：《武威皇娘娘台遗址第四次发掘》，《考古学报》1978年第4期。

(61)中国科学院考古研究所甘肃工作队:《甘肃永靖秦魏家齐家文化墓地》，《考古学报》1975年第2期。

第七章　西夏、大夏与夏

　　如果真有夏朝，元昊夏国与赫连勃勃夏国是继承者。夏是新石器时代或传说时代到历史时代的过渡期，也是游牧与农耕文化激烈碰撞与融合时期。齐家文化与夏代纪年相当，也是东西民族与文化交流的结果。西北地区处在黄河农业文化与西北草原文化的接合部，形成了独特多元的齐家文化。齐家文化与羌有关,不仅是周秦文化之源,而且很可能就是夏文化。如果真有夏民族，最有可能形成于黄河上游大夏河地区；夏末商初四分五裂，部分演变成了汉族，其他变成了羌、匈奴、党项、鲜卑等民族。

一、引言

　　西夏一般指与宋辽金鼎足而立元昊建立的夏国，自称夏或大夏。大夏一般指晋末称雄一时赫连勃勃建立的夏国，也称大夏。夏一般指商之前启建立的中国第一个王朝夏朝，也称大夏或西夏。夏史夏文化研究是经久不凉的热点，大夏研究也有专著专文，西夏学已成显学，但三者之关系还很少有人留意。史金波注意到了华夏、西夏、宁夏的关联；[①]克恰诺夫将西夏党项族源追溯到了齐家文化。[②]夏、大夏、西夏并非前后相继，但藕断丝连数千年，均与夏崇拜有关。从中国或东亚历史宏观背景来考察三者之关系是一个值得探讨的课题。

二、西夏、夏与大夏

　　西夏是他人对与宋、辽、金鼎足而立的夏国的称呼，开国君主元昊自称为夏或大夏。王静如《西夏国名考》指出西夏国正式全名为"白弥大夏国"。伊凤阁《西夏国书说》指出弥（mi）在西夏语中是"人"，"白弥大夏国"意为"白人大夏国"。[③]

　　1032 年李德明之子李元昊继夏国公位，开始积极准备脱宋独立。

元昊首先弃李姓，自称嵬名氏，又以避父讳为名改宋明道年号为显道；然后建宫殿，定兵制，创文字，立文武班。1038 年元昊时年三十，筑坛受册称帝，国号大夏。夏国奠基人李德明被追尊为太宗。《凉州重修护国寺感通塔碑铭》云："大夏开国，奄有西土，凉为辅郡，亦已百载。"

夏国本有国史，自称夏国、夏或大夏。《西夏书·斡札箦列传》云："斡札箦，西夏宁州人，掌其国史。"夏仿唐设国史馆，立翰林学士院，以王金、焦景颜等为学士撰修《实录》。《宋史·夏国传》论曰："今史所载追尊谥号、庙号、陵号，兼采《夏国枢要》等书。"《金史·西夏传》赞曰："夏之立国旧矣，其臣罗世昌谱叙《世次》。"《实录》《夏国枢要》《世次》等应该是夏国人自修的史籍。

"镇夷郡王"表明夏国皇族自认为夏，称异族为夷。镇夷郡在甘州，今张掖高台县有镇夷峡（已改正义峡）。李安全乃仁宗弟越王李仁友之子，被降封为镇夷郡王。他极为不满，与桓宗母罗氏合谋，废桓宗自立，改元应天，史称襄宗。

宋人多称夏，亦称西夏。夏国、夏州、夏地、夏境、夏主、夏人、夏军、夏兵、夏贼等，常见于宋代文献和《宋史·夏国传》。洪皓《松漠纪闻》云："多为商贾于燕，载以橐驼，过夏地，夏人率十而指一，必得其最上品者，贾人苦之。"熙州知府范育上奏宋神宗云："臣观夏贼之为国，自奄有西凉，开右厢之地，其势加大。"④《宋史》修于元朝，仍能大体反应宋人对夏国的态度和称呼。《宋史·夏国传》云："李彝兴，夏州人也，本姓拓跋氏。唐贞观初，有拓跋赤辞者归唐，太宗赐姓李，置静边等州以处之。其后析居夏州者号平夏部。唐末，拓跋思恭镇夏州，统银、夏、绥、宥、静五州地，讨黄巢有功，复赐李姓。"元昊即皇帝位后遣使上表曰："臣祖宗本出帝胄，当东晋之末运，创后魏之初基。

……称王则不喜，朝帝则是从。辐辏屡期，山呼齐举，伏愿一垓之土地，建为万乘之邦家。……伏望皇帝陛下，睿哲成人，宽慈及物，许以西郊之地，册为南面之君。"⑤帝（宋仁宗）谓辅臣曰："元昊昔僭号，遣使上表称臣，其辞犹逊……或可稍易以名号，议者皆以为不然，卒困中原，而后岁赐，封册为夏国主，良可惜哉！"⑥

辽亦称夏或大夏。辽以义成公主嫁继迁，册为夏国王；后又遣使册德明为大夏国王。德明追尊继迁为太祖应运法天神智仁圣至道广德光孝皇帝，庙号武宗。金亦称夏，元早期还称夏。《中书令耶律公神道碑》云："夏人常八斤者，以治弓见知，乃诧于公曰：'本朝尚武，而明公欲以文进，不已左乎？'公曰：'且治弓尚须弓匠，岂治天下不用治天下匠耶？'"⑦元代党项人余阙记述了夏人质朴好酒的习性："其性大抵质直而上义，平居相与，虽异姓如亲姻……醉，即相与道其乡邻亲戚，各相持涕泣以为常。予初以为，此异乡相亲乃尔。及以问夏人，国中之俗，莫不皆然。"⑧《金史·西夏传》赞曰："立国二百余年，抗衡辽、金、宋三国，俩乡无常，视三国之势强弱以为异同焉。故近代学者记西北地理，往往皆臆度言之。圣神有作，天下会于一，驿道往来视为东西州矣。"

元代晚期西夏才开始流行。元修《辽史》卷一一五称夏国史为《西夏外记》，《金史》卷一三四称夏国史为《西夏传》。明修《元史》径称西夏："岁乙丑，帝征西夏，拔力吉里寨，经落思城，大掠人民及其橐驼而还。"清代出现了以西夏为名的书籍如《西夏书事》和《西夏书》，但书中仍多称夏。《西夏书·罗世昌传》载："金与夏国合议，定夏主称弟，各用本国年号。"《西夏书事》亦宋、夏纪年并立。

大禹出西羌，上古羌人建立了夏朝。党项羌继承了羌的文化传统，亦建立了大夏国。《旧唐书·党项羌》："死则焚尸，名为火葬。"《通典·党项》："党项羌，在古析支之地，汉西羌之别种……老死者以为尽天年，亲戚不哭。少死者则仰天云枉而悲哭。焚之，名为火葬。"西夏继承了羌人的火葬传统。仁宗天盛年间颁布的《天盛律令》卷三第十三门第三条载："诸人尸体已埋或已烧，尸灰未舍弃，已集土而放置，如他人损毁墓场时，使与前述墓地棺撑上动手，罪同等判断。"西夏不仅流行火葬习俗，而且在尸体火化以后，还要营造丘墓或建砖墓来埋藏骨灰。元昊追宗认祖以大禹为榜样，建立大夏国。这是夏崇拜的结果。

《旧唐书·党项传》列举了八个强大的党项部落："有细封氏、费听氏、往利氏、颇超氏、野辞氏、房当氏、米擒氏、拓跋氏，而拓跋最为强族。"这容易使我们想起《史记·夏本记》："禹为姒姓，其后分封，用国为姓，故有夏后氏、有扈氏、有男氏、斟寻氏、彤城氏、褒氏、费氏、杞氏、缯氏、辛氏、冥氏、斟（氏）、戈氏。"元昊通过拓跋、鲜卑、匈奴亦可追溯到夏后氏、大禹。

大夏是自称，有自夸之意；西夏是他称，略带贬义；夏才是正式称谓。当代中国学者习称西夏，偶称夏或大夏。例如，《夏汉字典》⑨，《宋夏关系史》⑩，《辽夏关系史》⑪，《大夏遗珍》⑫及"大夏遗珍——西夏文物精品展"。西方学者亦称大夏或西夏，西方首篇西夏学博士论文名为《党项与党项国家大夏》。⑬

三、大夏、夏与西夏

公元 407 年赫连勃勃亦称群臣劝其入继大统，筑坛祭天，即帝位，建大夏国，都城曰"统万"。 公元 413 年赫连勃勃以叱干阿利为将作大匠，发岭北夷夏十万人于朔方水北，黑水之南营建都城统万。"夷夏十万"，以夏自居，目他族为夷。顾祖禹《读史方舆纪要》云大夏强盛时期疆域"南阻秦岭、东戍蒲津、西收秦陇、北薄于河"，大致包括今陕西秦岭以北、河套地区、山西南部及甘肃东部。431年赫连定攻灭西秦，遭遇吐谷浑首领慕璝袭击被俘，大夏灭亡。大夏国自赫连勃勃称帝至赫连定被俘，历二代三王共25年。赫连勃勃自称大夏可从器物或文物印证。当时工匠造百练钢刀曰"大夏龙雀"："古之利器，吴楚湛卢，大夏龙雀，名冠神都。可以怀远，可以柔逋。如风靡草，威服九区。"⑭他仿莽泉铸币，面文隶书国号"大夏"，年号"真兴"。"大夏龙雀"是传说名刀；"大夏真兴"是古钱奇葩。

夏族是姒姓，"姒"字的本字是"以"。清人王引之已经指出以、允二字相通。1951年山东省黄县出土八件铜器，铭文也证明以、允通用。《左传》"允姓之奸"之允，为"允人"专字，是獫狁的同族，也是匈奴的前身。《史记·匈奴传》开卷称匈奴是夏族后裔是正确的。赫连勃勃的大夏国等于是匈奴的复国；而匈奴是夏族后裔，所以赫连勃勃特别强调自己是大禹的后代。大夏国与远古夏族的血统和文化传统并没有断绝。⑮

赫连勃勃是匈奴后裔，自认为是夏后氏之苗裔："朕大禹之后，世居幽、朔。祖宗重晖，常与汉、魏为敌国。中世不竞，受制于人。逮朕不肖，不能绍隆先构，国破家亡，流离漂虏。今将应运而兴，复大禹之业，卿以为何如？"⑯他深受汉文化影响，念念不忘其先祖："朕之皇祖，自北迁幽、朔，姓改姒氏，音殊中国，故从母氏为刘。子而从母之姓，非礼也。古人氏族无常，或以因生为氏，或以王父之名。朕将以义易之。帝王者，系天为子，是为徽赫实与天连，今改姓曰赫连氏，庶协皇天之意，永享无疆大庆。系天之尊，不可令支庶同之，其非正统，皆以铁伐为氏，庶朕宗族子孙刚锐如铁，皆堪伐人。"⑰岭北夷夏降附者数以万计，勃勃置守宰以抚之。⑱赫连勃勃自称为夏，称他族为夷，曾号召夷夏十万筑统万城。"常居城上，置弓剑于侧，有所嫌忿，便手自杀之……夷夏嚣然，人无生赖。"⑲

后人亦称大夏为夏。清嘉庆《延安府志》云："赫连勃勃疑冢，在延川县东南六十里白浮图寺前。有七冢，相传为夏王疑冢云。"《延川县志》亦云："白浮图寺，在县城南六十里，寺前有七冢，前人以为夏王疑冢。"1991年延川县人民政府公布为县级重点文物保护单位。

四、夏、大夏与西夏

确凿无疑的夏朝文献还没有发现，商代甲骨文又没有夏的明确记述，我们只能主要根据周代及更晚的文献来追溯夏史。一般认为夏为中国历史上第一个王朝，夏人主要活动于晋南和豫西，可能由晋南迁至豫境，故晋南有"夏墟"之称。《左传·定公四年》："分唐叔以大路、密须之鼓，阙巩沽洗，怀姓九宗，职官五正，命以《康诰》，而封于夏墟。启以夏政，疆以戎索。"

夏人活动范围并不局限于中原。《晋书·地理志》："夏后氏东渐于海，西被于流沙，南浮于江。"夏又称大夏就很自然，或者说大夏是夏人居住的地方。《左传·昭公元年》："昔高辛氏有二子，伯曰阏伯，季曰实沈，居于旷林，不相能也。日寻干戈，以相征讨。后帝不臧，迁阏伯于商丘，主辰。商人是因，故辰为商星。迁实沈于大夏，主参。唐人是因，以服事夏、商。"

大夏地望游移不定，晋南、临夏、河西走廊、塔里木盆地、巴克特里亚均留下了不可磨灭的踪迹。王国维主要根据《大唐西域记》"覩货逻故国"推断大夏从塔里木盆地往西迁徙："考覩货逻之名，源出大夏（嘉兴沈乙庵先生并西人马括德等并创是说），大夏本东方古国。"⑳黄文弼主要根据《史记·封禅书》"齐桓公西伐大夏"和《汉书·地理志》"陇西郡有大夏县"认为夏分布于凉州、兰州、河州一带，且以河州（今临夏)为中心。㉑余太山主要根据《史记·大宛列传》和《汉书·西域传》认为大夏故地至少可以追溯到河西地区，活跃于西域广大地区。㉒

　　夏又称西夏，"西夏东殷"之说由来已久。《博物志·异闻》费昌问冯夷曰："何者为殷？何者为夏？"冯夷曰："西夏东殷。""唐伐西夏"与"稷放丹朱"是关涉陶唐氏与夏、周先人兴衰荣辱和相互关系的重大事件。㉓"唐伐西夏"见于《逸周书·史记解》："昔者西夏，性仁非兵，城郭不修，武士无位，惠而好赏，屈而无以赏。唐氏伐之，城郭不守，武士不用，西夏以亡。"《博物志·杂说》有类似说法："昔西夏仁而去兵，城郭不修，武士无位，唐伐之，西夏云(亡)。"《穆天子传》卷四亦云："自阴纡西至于西夏氏，二千又五百里；自西夏至于珠余氏及河首，千又五百里。"古人禊饮以曲水流觞为趣，晋人束晳《三日曲水对》："昔周公城洛邑，因流水以泛酒，故逸诗云'羽觞随波'。又秦昭王以三日置酒河曲，见金人奉水心之剑曰：'令君制有西夏'。"㉔清华简《尹诰》称"夏"为"西邑夏"："唯尹既及汤咸又一德，尹念天之败西邑夏，曰：'夏自绝其有民，亦惟厥众，非民亡与守邑。厥辟作怨于民，民复之用离心，我裁灭夏'。"清华简《尹至》："自西裁西邑，裁其有夏。"㉕"西邑夏"或"夏"在殷的西方，故可称西夏。傅斯年《夷夏东西说》主张夷在东夏在西，东夷西夏斗争开创了中国历史不无道理。李济坚信商人"西指克夏"吸收夏文化创造了商文明："所谓商朝的文明，综合了东夷、西夏和原商三种文化传统。"㉖

五、周代夏崇拜

　　夏不见于甲骨文。㉗陈梦家认为夏史乃商史中分出，主张夏世即商世。㉘杨宽认为夏史大部为周人依据东西神话辗转演述而成。㉙西方学者普遍不相信夏朝的存在，认为商为中国历史上第一个王朝。㉚

即使夏朝真的存在过，商亦不崇夏。《尚书·汤誓》云："夏氏有罪，予畏上帝，不敢不正。"夏崇拜始于周。[31]《尚书·周书·召诰》：

> 相古先民有夏，天迪从子保，面稽天若；今时既坠厥命。今相有殷，天迪格保，面稽天若；今时既坠厥命……我不可不监于有夏，亦不可不监于有殷。我不敢知日，有夏服天命，惟有历年；我不敢知日，不其延。惟不敬厥德，乃早坠厥命。我不敢知日，有殷受天命，惟有历年；我不敢知日，不其延。惟不敬厥德，乃早坠厥命。

《多士》《多方》《立政》等篇也不止一处提到"有夏"或"夏"，周公在这里称"有夏"或"夏"为"先民""古之人"。周人兴于戎狄，他们强调自己是"自窜于戎狄之间"的夏人，其所居的疆土也是从夏人那里继承而来。《礼记·祭法》："厉山氏之有天下也，其子曰农，能殖百谷。夏之衰也，周弃继之，故祀以为稷。"[32]

多数带铭文的西周铜器出于渭水流域，征发夷蛮有功而受赏之事是主题，征发的对象主要是东国、东夷、南国、楚荆、淮夷、南淮夷等。然而在先秦文献中北方戎狄是西周始终的敌人。说明铭文多出于周人或戎狄之手，而文献多出于夷人之笔。周朝败于犬戎，戎狄日盛，诸夏意识渐兴。管仲提出"诸夏亲昵，不可弃也"。齐桓公率先"尊王攘夷"，"葵丘之会"强化了诸夏意识。晋文公继起称霸，城濮之战亦有尊王攘夷之意。齐、晋是周朝的重要封国，仿周尊夏理所当然。春秋战国时期长城以北及西北人群之游牧化与武装化及其南向争夺生存资源，是华夏认同形成的一个主要因素。[33]

秦楚是夷狄的代表。《史记·秦本记》："秦僻在雍州，不与中国会盟，夷翟遇之。"《春秋公羊传·僖公十一年》："楚，夷国也。"正是这两个夷蛮大国后来主宰了中国的历史。楚国问鼎中原，秦穆公开始以"中国"自居。秦人的族源异常复杂。来源不明的造父因驾车有功被封于赵地,其后非子善于养马又被周考王封于秦邑,为周附庸,"以和西戎"。嬴政不分夷夏,灭六国,武力统一中国,称始皇帝。楚虽三户,亡秦必楚。楚人刘邦亦夷人之后,建立汉朝。秦汉之际黄帝崇拜达到了高潮,秦皇汉武成了黄帝子孙,夏代传人。

齐、鲁位于东夷故地,对夷政策明显不同。《史记·齐太公世家》太公治齐:"因其俗,简其礼,通商工之业,便鱼盐之利,而人民多归齐,齐为大国。"《史记·鲁周公世家》伯禽治鲁:"变其俗,革其礼,丧三年然后除之,故迟。"启以商政,疆以周索。鲁国推行周礼,孔子等商族苗裔"郁郁乎文哉,吾从周"。春秋时鲁国附近还存在大昊后裔任、宿、须句、颛臾和少昊后裔莒、郯、谭、费等小国。他们与诸夏通婚、会盟,被认为是诸夏的同盟。齐桓公尊王攘夷,陆续灭掉三十余东夷小国;春秋末年齐灵公灭掉东夷大国莱国,土地扩张一倍。淮河中、下游少昊集团的后裔嬴姓与偃姓诸国如徐、江、葛、黄、淮夷、锺离、英、六、舒鸠等春秋时期倾向于"即事诸夏",参与会盟。春秋争霸与战国兼并进程中文化与民族交汇融合,夷夏间的差别逐渐消失。秦统一六国,"其淮、泗夷皆散为民户",自动成为夏的一部分。

华夷五方格局形成于春秋战国时代。《论语》中未出现"东夷""南蛮"等配有方位的民族称谓。《左传·昭公十七年》孔子向郯子说:"吾闻之,'天子失官,学在四夷',犹信。"《孟子·梁惠王上》:"莅中国而抚四夷。"《孟子·尽心下》云:"君好仁,天下无敌焉。南面而征北夷怨,东面征而西夷怨,奚为后我!"中国、东夷、南蛮、西戎、北狄五方之民及其习性、语言、衣服、器用等与方位整齐配合的观念见于《管子·小匡》和《礼记·王制》,是战国秦汉大一统思想的体现。

《说文》:"夷,从大从弓,东方之人也。"东亚本为蛮夷之地,夷并无贬义，有"平""常"之义，可引申为平和满足。《诗·郑风·风雨》："既见君子，云胡不夷？"西周还有夷王、夷公。《说文》："夏，中国之人也。"夏通雅，《大夏》即《大雅》。《荀子·荣辱》："越人安越，楚人安楚，君子安雅。"《荀子·儒效》又云："居楚而楚，居越而越，居夏而夏。"

《春秋·公羊传》："内其国而外诸夏，内诸夏而外夷狄。"西周时期的"夏"所包含的地理概念是指周人以宗周（关中地区）为中心的活动区域；"夏"所代表的文化族群观念则是指周人与周文化。自宗周倾覆平王东迁洛邑之后，"夏"的地理和文化概念发生了根本变化。自春秋始"夏"与"中国"指中原地区各诸侯邦国。伴随着一统观念的形成，此地理文化概念逐渐成为民族认同的"华夏"概念。㉞

傅斯年曾感慨究竟谁是诸夏，谁是戎狄："云周之号称出于后稷，一如匈奴之号称出于夏氏。与其信周之先世曾窜于戎狄之间，毋宁谓周之先世本出于戎狄之间。"㉟周人与羌、戎、狄或吐火罗的关系非常密切，交叠混合，不易区分，在东亚上古史上起了特殊作用。说姬周是戎狄，也未尝不可。㊱

夏、商、周三代是夷夏争斗与转变的时代。从中心到边缘，中心的夷成了夏，边缘成了四夷或海外民族。夏为君子、夷为野人，逐渐成为成见。夷人和夷文化是夏、商、周三代的基础，亦是汉族和汉文化的根本；夏人和夏文化战国秦汉之际成了主人和主流文化。

"华夏"一词最早见于周朝《尚书·周书·武成》："华夏蛮貊，罔不率俾。"孔颖达《春秋左传正义》："中国有礼仪之大，故称夏；有服章之美，谓之华。"《尚书正义》："冕服华章曰华，大国曰夏。"从西周的周人以夏自居到春秋的包容诸夏是夏崇拜的普及过程。春秋战国时代是夷、夏观念转换的关键时代。《孟子·滕文公上》总结了夷变夏的普遍性："吾闻用夏变夷，未闻用夷变夏者也。"齐兴于东夷，晋兴于北狄，楚兴于南蛮，秦兴于西戎，故《公羊传·僖公四年》有"南夷与北狄交，中国不绝若线。"虽然有人高唱"尊王攘夷"，"内诸夏而外夷狄"，但不能挽救周朝的灭亡和阻止夷狄的加入。夏与夷狄的分界非常模糊，几乎没有人分得清楚。《公羊传·昭公二十三年》："不与夷狄之主中国也。然则曷为不使中国主之？中国亦新夷狄也。"反之亦然，《论衡·宣汉篇》"古之戎狄，今为中国。"

战国时代纷纷号称诸夏，夏由第三人称变为第一人称，夷由"人"变为了"他人"，夷、夏完成了人称和时空的转换。江统《徙戎论》：

> 逮至春秋之末，战国方盛，楚吞蛮氏，晋剪陆浑，赵武胡服，开榆中之地，秦雄咸阳，灭义渠之等。始皇之并天下也，南兼百越，北走匈奴，五岭长城，戍卒亿计。虽师役烦殷，寇贼横暴，然一世之功，戎虏奔却，当时中国无复四夷也。㊲

三代之前尽是夷，三代之后都成夏，夷、夏消长大致如此。夷狄并非全部被赶尽杀绝了，而是纷纷变夏了。秦汉以降褒夏贬夷成为风气，并逐渐忘记了夷、夏转变的历史。夏为何物，对古人今人来说都是未知数，只能从夷蛮戎狄来推断其存在。夏崇拜实质上是自我崇拜，是民族中心主义的一种表现形式。㊳

六、讨论与结语

夏有三义：夏王朝、夏民族、夏文化，均与西北中国密切相关。司马迁早就指出："夫做事者必于东南，收其功实者常在西北。"傅斯年《夷夏东西说》论证夏与西方有关，但西到何处没有明言。玉振金声二里头，扑朔迷离夏王朝。夏代之有无仍在激烈争论之中，未有定论。㊴我们假定商朝之前有一个夏王朝或 X 朝，其准确年代和具体世系不清楚，其民族和文化亦是正在探索的对象。夏王朝、夏民族、夏文化可连环论证：夏民族很可能兴起于西北，入主中原，建立夏王朝，其先进文化大体来自中亚或西亚；西北是上古中国改革开放的前沿阵地。[40]

夏字形从页，从臼，从夊；页人头，臼两手，夊两足，合起来像人形；本义为人。《说文》："夏，中国之人也。"夷从大从弓，甲骨文作"尸"或"人"，本义亦是人。《说文》："夷，东方之人。"如果夷入主中原，则夏为西方之人。朱骏声《说文通训定声》："就全地言之，中国在西北一小隅。故陈公子少西字夏，郑公孙夏字西。"禹定天下九州，执玉帛者万国，治水行天下，其活动的范围极其广阔。古史资料中关于夏商的记录可能分属于东西两个体系。西夏可能就是东方居民夷对西部居民夏的称呼。夏殷经常相提并论。《尚书·召诰》云："我不可不鉴于有夏，亦不可不鉴于有殷。"《诗经·大雅》谓："殷鉴不远，在夏后之世。"

夏可能与大夏河有关。汉代以前夏人主要活跃于黄河流域。其实夏河或大夏河是黄河的支河，亦可泛指黄河。《方言》第一："自关而西，秦晋之间，凡物之壮大者而爱伟之，谓之夏。"夏意为大，夏河即大河，大夏河是同义反复。《史记·秦始皇本纪》云："禹凿龙门，通大夏，决河亭水，放之海。"夏河或大夏河发源于青海同仁，流经甘肃夏河、临夏，于刘家峡入黄河。《尚书·禹贡》：云："导河积石，至于龙门，南至于华阴，东至于底柱。"临夏有积石山和积石峡。大禹治好了泛滥的夏河，华夏之"夏"可能来源于夏河。《尚书·禹贡》明言黄河中下游以及淮河流域和长江下游四州为夷人所居：冀州岛夷，青州嵎夷、莱夷，徐州淮夷，扬州鸟夷。如果有夏，最可能生活于黄河上游地区。《尚书·禹贡》："黑水西河惟雍州……厥贡惟球琳琅玕，浮于积石，至于龙门西河，会于渭汭。织皮、昆仑、析支、渠搜，西戎即叙。"夏与西戎或羌之关系难解难分。临夏东南"西羌故地"曾置"大夏县"，"大夏城"遗址在广河县城西南 10 里左右台地上，当地人叫"夏古城"。大夏河流经甘南和临夏，哺育了羌或党项民族。

夏兴起于西北，与齐家文化有关。西北彩陶的衰落与青铜的兴起表明青铜时代游牧文化占了上风。齐家文化青铜器与中亚、南西伯利亚的铜器的样式基本相同：青铜刀常见，偶见青铜矛、浮雕人面青铜匕、空首斧等合范铸造的兵器和铜镜。2002年喇家遗址出土的三孔大玉刀，复原长为66厘米，与二里头玉刀类似，可能是"王者之器"。齐家文化陶器不发达却独具特色，大双耳罐是中亚或西方共有陶器。齐家文化陶或玉石权杖头和四坝文化铜权杖头与西亚、中亚的权杖头形制相似。夏或大夏活跃于西域，古代巴克特利亚人建立的国家也叫大夏。

周人尊夏，亦是自尊。周人自认为是夏的后人，其所居的疆土也是从夏人那里继承而来。《诗·周颂·清庙之什》："我求懿德，肆于时夏，允王保之"；"无此疆尔界，陈常于时夏"。《礼记·祭法》："厉山氏之有天下也，其子曰农，能殖百谷。夏之衰也，周弃继之，故祀以为稷。"周自认为是夏的继承者，周代夏崇拜出现了第一个高潮。

赫连勃勃、元昊先后建立夏国，实质上是周人崇夏传统的继续。赫连勃勃亦以大禹诸夏继承人自居："昔在陶唐，数钟厄运，我皇祖大禹以至圣之姿，当经纶之会，凿龙门面辟伊阙，疏三江而决九河，夷一元之穷灾，拯六合之沉溺，鸿绩侔于天地，神功迈于造化，故二仪降祉，三灵叶赞，揖让受终，光启有夏。……爰始逮今，二千余载……故能控弦之众百有余万，跃马长驱，鼓行秦赵，使中原疲于奔命，诸夏不得高枕，为日久矣。"[41]追宗认祖，既是崇拜，也是攀附。[42]

元昊夏国与赫连勃勃夏国地域大体重合。《辽史·西夏外纪》："西夏，本魏拓跋氏后，其地则赫连国也。"北魏灭赫连勃勃夏国，先改统万城为统万镇，不久改为夏州。隋改置朔方郡，唐复为夏州。唐末拓跋思恭镇夏州，子孙继之，遂为元昊夏国政治军事经济文化中心。他们继承的不只是土地，还包括文化传统；认为整个西北地区都是大夏国领土。元昊拓跋氏，可通过鲜卑追溯到黄帝；又是党项，可通过羌追溯到禹或夏。《魏书》云："昔黄帝有子二十五人，或内列诸华，或外分荒服。昌意少子，受封北土，国有大鲜卑山，因以为号。其后世为君长，统幽都之北，广漠之野……黄帝以土德王，北俗谓土为托，谓后为跋，故以为氏。其裔始均，入仕尧世，逐女魃于弱水之北，民赖其勤，帝舜嘉之，命为田祖。爰历三代，以及秦汉，獯鬻、猃狁、山戎、匈奴之属，累代残暴，作害中州，而始均之裔，不交南夏，是以载籍无闻焉。"元昊自认为是拓跋后裔："藩汉各异，国土迥殊，幸非僭逆，嫉妒何深！况元昊为众所推，盖循拓跋之远裔，为帝图皇，有何不可？"⑱元昊下令秃发，恢复鲜卑民族特性。

黄帝、夏、羌、匈奴、拓跋、党项有一脉相承之处，擅长游牧和游击。夏人善于游牧和射猎仍有蛛丝马迹可寻。目前中国最早的较完整羊骨架见于甘肃永靖大何庄齐家文化遗址，其次是二里头。绵羊又称夏羊。《尔雅·释畜》："夏羊，牡羭，牝羖。"《本草纲目·兽·羊》："生秦晋者为夏羊，头小身大而毛长，土人二岁而剪其毛，以为毡物，谓之绵羊。"夏人善射，夏箭即良箭。司马相如《子虚赋》："左乌号之雕弓，右夏服之劲箭。"郭璞注引服虔曰："夏后氏之良弓，名繁弱，其矢亦良，即繁弱箭服，故曰夏服也。"唐李益《从军有苦乐行》："一矢毙夏服，我弓不再张。"赫连勃勃自比轩辕黄帝，善于游击："吾以云骑风驰，出其不意，救前则击其后，救后则击其前，使彼疲于奔命，我则游食自若，不及十年，岭北、河东尽我有也。待姚兴死后，徐取长安。姚泓凡弱小儿，擒之方略，已在吾计中矣。昔轩辕氏亦迁居无常二十余年，岂独我乎！"⑲元昊游牧作风明显："每举兵，必有获，则下马环坐饮，割鲜而食，各问所见，择取其长。""衣皮毛，事畜牧，蕃性所便。英雄之生，当王霸耳，何锦绮为？"⑤

如果真有夏朝，元昊夏国与赫连勃勃夏国是继承者。夏是新石器时代或传说时代到历史时代的过渡期，也是游牧与农耕文化激烈碰撞与融合时期。齐家文化与夏代纪年相当，也是东西民族与文化交流的结果。西北地区处在黄河农业文化与西北草原文化的接合部，形成了独特多元的齐家文化。齐家文化与羌有关，不仅是周秦文化之源，而且很可能就是夏文化。《荀子·大略》云"禹学于西王国"。《史记》载"大禹出西羌"。"西羌古国"可能转化为夏王朝，彝语和汉语同源于原始羌夏语。⑥如果真有夏民族，最有可能形成于黄河上游大夏河地区；夏末商初四分五裂，部分演变成了汉族，其他变成了羌、匈奴、党项、鲜卑等民族。

国灭人文在，地望常变迁。夏人或夏文化不会因国而灭，探索夏民族夏文化绝不能局限在夏朝或中原。如果我们认同炎帝或夷，以素食为主的东亚定居农耕民族总是被欺侮，吃肉喝酒的游牧民族经常占上风，中国历史基本上是被侵略的历史。如果我们认同黄帝或夏，以奶肉为主食的游牧民族节节胜利，反复征服定居农耕民族，中国历史是不断侵略和巩固的历史。梁启超认为自黄帝开始华夏民族就是靠武力征服夷、蛮而在中国生息繁衍："中国民族之武，其最初之天性也；中国民族之不武，则第二之天性也。"⑦赫连勃勃、元昊正是黄帝传统的继承者。如果同时认同炎黄夷夏，中国历史就是兄弟混战融合史；西夏、大夏、夏一脉相承，正是中国历史的核心组成部分。

注释：

①史金波：《西夏·宁夏·华夏》，《中国民族》2002年9期。

②克恰诺夫著，王颖、张笑峰译：《唐古特的起源问题》，《第二届西夏学国际学术论坛论文集》，2011年。

③聂历山《西夏国名校考》使问题更加复杂化了。

④李焘：《续资治通鉴长编》卷125哲宗元祐六年六月丙午条，中华书局，1986年。

⑤《宋史·夏国传》。

⑥《宋史·夏国传》。

⑦《元文类》卷五十七。

⑧余阙：《送归彦温赴河西廉使序》，《青阳先生文集》卷四，国家图书馆出版社，2010年。

⑨李范文：《夏汉字典》，中国社会科学出版社，1997年。

⑩李华瑞：《宋夏关系史》，河北人民出版社，1998年。

⑪杨浣：《辽夏关系史》，人民出版社，2010年。

⑫山西博物院、宁夏博物馆编著：《大夏遗珍》，山西人民出版社，2010年。

⑬Dunnell Ruth:Tanguts and the Tangut State of Ta Hsia, Ph.D. Dissention,Princeton University,1983.

⑭《晋书·赫连勃勃载记》。

⑮吴锐：《再论夏文化发祥于渭水流域》，待刊稿。

⑯《晋书·赫连勃勃载记》。

⑰《晋书·赫连勃勃载记》。

⑱《晋书·赫连勃勃载记》。

⑲《晋书·赫连勃勃载记》。

⑳王国维：《西胡考》，《观堂集林》卷十三，中华书局，1959年。

㉑黄文弼：《中国古代大夏位置考》，《国学季刊》第一卷第一期(1940)，收入《西北史地论丛》，上海人民出版社，1981年。

㉒余太山：《大夏和大月氏考》，《中亚学刊》第四辑，1995年。

㉓韩建业：　《唐伐西夏与稷放丹朱》，　《北京大学学报》2001年第4期。

㉔《钦定四库全书·汉魏六朝百三家集》卷四十三，〔明〕张溥辑：《晋束皙集》。

㉕以上文字据先秦史论坛子居先生 http://xianqin.5d6d.com/forum-31-1.html。

㉖李济：《中国文明的开始》，江苏教育出版社，2005年，第20页。

㉗陈梦家：《殷墟卜辞综述》，中华书局，1988 年。

㉘陈梦家：《商代的神话与巫术》，《燕京学报》第 20 期，1936 年。

㉙杨宽：《说夏》，原刊《禹贡》第七卷六、七合期，收入《古史辨》第七册，上海古籍出版社，1982 年。

㉚D. N. Keightley: The Shang: China's First Historical Dynasty, in *The Cambridge History of Ancient China*, ed by M. Loewe and E. L. Shaughnessy, Cambridge, 1997.

㉛李民：释《尚书》"周人尊夏"说，《中国史研究》1982 年第 2 期。

㉜《国语·鲁语》："昔烈山氏之有天下，其子曰柱，能殖百谷百蔬。夏之兴也，周弃继之。"

㉝王明珂：《历史事实、历史记忆与历史心性》，《历史研究》2001 年第 5 期。

㉞陈致：《夷夏新辨》，《中国史研究》2004 年第 1 期。

㉟傅斯年：《与顾颉刚论古史书》，《傅斯年全集》，联经出版公司，1980 年。

㊱王克林：《姬周戎狄说》，《考古与文物》1994 年第 4 期。

㊲《晋书·江统传》。

㊳易华：《夷夏先后说》，民族出版社，第 72 页。

㊴许宏：《最早的中国》，科学出版社，2009 年。

㊵易华：《夏与西北》，《丝绸之路》2013 年第 10 期。

㊶《晋书·载记》。

㊷王明珂：《论攀附：近代炎黄子孙国族建构的古代基础》，《"中央"研究院历史语言所集刊》七十三本三分，2002 年。

㊸李焘：《续资治通鉴长编》125 卷。

㊹《晋书·载记》。

㊺《宋史·夏国传》。

㊻陈保亚、汪锋：《论原始羌夏语及其转型——兼说蜀、夏、彝和三星堆文化的渊源关系》，首届古彝文化与三星堆文化探源学术研讨会论文，2009 年。

㊼梁启超：《中国之武士道》，《饮冰室合集》专集之二十四，中华书局，1989 年。

后　记

走读齐家觅华夏

齐家文化被误认为是新石器时代文化而长期被严重忽视，其实齐家文化是中国最早的青铜时代文化，九十岁的丑小鸭早该长成天鹅了！

一、探索华夏文明

自从2010年独自西北访古以来，我每年夏天都来寻找铜踪夏迹，探索华夏文明之源。今年有幸参加"中国玉石之路与齐家文化研讨会"暨"玉帛之路文化考察活动"，旧地重游，感受常新！早已有人指出齐家文化可能是夏文化，但还没有人进行系统有力的论证。《河西走廊：西部神话与华夏文明》有专章论述齐家文化和华夏之关联，《夷夏先后说》亦讨论了齐家文化作为夏文化的可能性。最近五年我多次到西北调研齐家文化与华夏文明之关联，从考古学、历史学、地理学和神话传说四方面找到了许多证据。通过此次多学科综合调研深受启发，对齐家文化与华夏文明之关系有了立体的认识。基本上可以肯定齐家文化就是夏文化，《齐家华夏说》试图进行系统论证。

　　此次考察活动真正做到了四通。

　　一是东西通,齐家文化是东西文化互动的结晶。众所周知丝绸之路是沟通东西经济与文化的大动脉。叶舒宪倡导研究玉石之路,探索中华文明的本质特征;刘学堂关注彩陶之路,试图复原史前丝绸之路;我致力于青铜之路研究,试图寻找中华文明发展的外在动力。三者均拓展和加深了丝绸之路文化研究,我们倾向于用"玉帛之路"来概括中西文化交流与互动。

　　二是古今通,齐家文化奠定了华夏文明的基调。西北是上古中国开放变革的前沿阵地,为华夏文明的形成和发展做出了重要贡献。十七届六中全会决定依托悠久丰富的历史文化资源建立华夏文明传承创新区,展示和弘扬中华民族优秀传统文化。甘肃正在落实"华夏文明传承创新区"政策,齐家文化正是华夏文明的源头。回顾历史是为了更好地展望未来。齐家文化研究既是华夏文明探源的重点,亦是华夏文明展示的关键,并且为西北乃至中国的复兴提供了先例。

　　三是学科通,多学科研究才能解开华夏文明起源或形成之谜。不同学科均能阐明文化的某些方面,多学科结合才能避免盲人摸象揭示古代文明的全貌。叶舒宪立志打通文史哲,是中国神话学研究权威,也是中国文学人类学研究的代表人物。刘学堂是考古学家,长期在新疆从事田野考古工作,同时特别关心中西文化交流研究,立志阐明上古西域与中原的文化联系。我本人毕业于北京农业大学兽医系,又在中国科学院和中国社会科学院分别获理学硕士和史学博士学位,多年来致力于从多学科途径探讨华夏文明的来龙去脉。安琪亦有多学科背景,既有留学英国的经历,又有田野调查的经验。冯玉雷、徐永盛、孙海芳是作家,擅长纪实文学,亦常有奇思妙想。刘岐江馆长是农民企业家,酷爱中国传统文化,热心收藏齐家文化玉器、马家窑文化陶器和草原文化青铜器与金器，具有丰富的鉴赏经验和真切的收藏体会。郑欣淼先生是学者型官员，曾任中央政策研究室文化组组长、青海省副省长、文化部副部长、故宫博物院院长，现任故宫研究院院长兼任中华诗词学会会长，正在倡导建立综合性的"故宫学"。卢法政先生是政府官员，长期在新疆工作，亦是作家。不同专业不同背景的人一起考察，不仅可以交流知识更可以活跃思想，为共同探索中华民族文化源流创造了良好的气场。

四是官民通，官民协作才能阐明齐家华夏说。此次活动由甘肃省委宣传部和西北师范大学主办，《丝绸之路》杂志社承办，民办众甫博物馆赞助。所到之处得到当地宣传文化部门的热情接待，参观重要考古遗址和博物馆；同时尽可能参观民间收藏，并访谈民间文化爱好者。盗墓者捷足先登，考古学家姗姗来迟，十墓九空，结果令人啼笑皆非。官方博物馆收藏和展示的文物十分有限，大量精美文物在民间，或流落海外，三者互补才能阐明古代文化传承的全貌。盗墓和倒买文物是可耻的犯罪行为，民间收藏有鼓励盗墓的嫌疑，亦有民间人士为抢救文物呕心沥血。为了更好地保护文物和遗址，迫切需要官方与民间共同努力。

好之乐之，和而不同。武威文庙号称中国三大孔庙之一，另外两座是曲阜孔庙和云南建水孔庙。大成殿有一副对联正是我们此次考察活动的真实写照：量合乾坤明参日月，学兼中外道贯古今！

二、凉州畜牧甲天下

7月13日"中国玉石之路与齐家文化研讨会"在西北师范大学召开，甘肃省委常委宣传部长连辑高度肯定了此次会议和考察活动的意义，亲自授旗正式启动"玉帛之路文化考察活动"。午餐之后马不停蹄翻越乌鞘岭，我们傍晚就赶到了民勤。武威电视台新闻部主任徐永盛等在民勤宾馆迎接，他送给每人一套刚刚出版的四卷本《徐永盛文论集》，使我们对武威的历史文化和现状有了初步而全面的了解。民勤手抓羊肉和徐永盛文集让人爱不释手，以至于大家忘记了喝酒。东乡手抓很有名，民勤人说民勤羊肉更好吃。一般认为苏武牧羊北海是指今贝加尔湖，民勤人认为北海就是民勤已经干涸的一个湖泊。民勤有苏武山，山上新修了苏武庙；苏武山周围有万亩葡萄园，临近修建了苏武酒厂。民勤县还有苏武乡，苏武乡有羊路中学。还有土墩子叫野鸽子墩，据说是苏武为了遥看祖国而修筑的。民勤养羊历史悠久，至今不衰。苏武是否在民勤牧羊难以确考，但苏武曾经来回经过此地很有可能。

第二天参观了三角城遗址、县博物馆和柳湖墩沙井文化遗址，下午赶到了著名的武威雷台博物馆。墓葬主人至今不清楚：墓葬中曾出土过一枚晚于东汉的铜钱，墓葬年代也出现了争议。博物馆中重点展示了金日磾的塑像。博物馆副馆长程爱民介绍说金日磾是驻牧武威的匈奴休屠王太子，汉武帝因获休屠王祭天金人故赐姓为金，并拜他为马监。金日磾擅于养马，被当地人尊为"马神"。其后代在王莽代汉时受到迫害，部分逃至山东文登丛家砚，改姓丛。据韩国汉阳大学金楝模教授考证：部分人迁徙到了韩半岛，成了当代大姓金氏的祖先。

武威又称凉州，是西夏王国第二大都市"大夏辅郡"。凉州畜牧甲天下，至今是羊、牛、马的天堂。养羊牧牛的历史可以追溯到四千年前的齐家文化。河西走廊汉代之前是匈奴或羌、戎、月氏活动的领地。汉武帝时代击退匈奴，留下了"匈奴悲歌"：失我祁连山,使我六畜不蕃息；失我焉支山,使我嫁妇无颜色。这是唯一留传至今的匈奴民歌。河西走廊靠祁连山雪水滋养才有生机，焉支山又叫胭脂山，据说胭脂草能做染料，亦可用于化妆。《五代诗话·稗史汇编》："北方有焉支山，上多红蓝草，北人取其花朵染绯，取其英鲜者作胭脂。"焉支山是祁连山脉的组成部分，至今水草丰富，是宜农宜牧的好地方。

凉州畜牧业的繁荣可以追溯到四千年前的齐家文化时代。武威皇娘娘台遗址不仅出土了猪骨和狗骨，亦出土了大量羊骨和牛骨。新石器时代的代表性家畜是猪和狗，青铜时代才出现羊、牛、马。齐家文化先民已开始养羊牧牛，进入畜牧业发展的新时期。皇娘娘台遗址出土40余片卜骨，系羊、牛、猪的肩胛骨，以羊骨为主；卜骨都有明显的烧灼痕迹，但不钻不凿，仅少数有轻微的刮削痕。羊肩胛骨已成为决策的重要载体，骨卜正是夏商时代流行的决策方式。

皇娘娘台遗址出土了大量玉器和铜器，金声玉振，标志着河西走廊率先进入了青铜时代。令人遗憾的是皇娘娘台遗址没有受得应有的重视和保护，正被建筑垃圾包围和掩埋。我们公开呼吁"救救皇娘娘台"，希望不久的将来能看到皇娘娘台遗址公园。

三、黑水边的大佛寺

大佛寺已成张掖的标志或名片。占地约23000平方米，坐东朝西，始建于西夏永安元年，原名迦叶如来寺，明永乐敕名宝觉寺，清康熙敕改宏仁寺，素称"塞上名刹，佛国胜境"，1996年被列为第四批全国重点文物保护单位。殿内安放国内最大的室内卧佛，木胎泥塑，金装彩绘，形态逼真，身长34.5米，肩宽7.5米，故名大佛寺。灯光昏暗，卧佛似睡非睡很奇妙：从头部看两眼圆睁，从脚部望双眼紧闭。

张掖古称甘州，曾是回鹘牙帐所在地，史称甘州回鹘。西夏攻下甘州，占领河西走廊。崇宗李乾顺统治时期国力鼎盛，修建了凉州护国寺和张掖大佛寺，笃信佛教的夏太后常到大佛寺居住。现存建筑有大佛殿、藏经阁、土塔三处；大佛殿殿高33米，面阔9间，规模宏大；殿内四壁为《西游记》和《山海经》壁画。这是全国仅存完整西夏宗教殿堂。

以元昊为首的西夏人自认为是大夏传人，崇拜大禹。张掖地区特别是高台县至今留传大禹治水故事，不时在镇夷峡（今正义峡）举行祭祀典礼，合黎山亦近在眼前。《史记·夏本纪》："黑水西河惟雍州：弱水既西，泾属渭汭。"中国境内黑水或黑河有多条，但最著名的是河西走廊的黑河或弱水。黑河的尽头是居延海，是西夏北方重镇黑水城所在地。黑水即弱水，正是大禹治水的见证。西夏人在黑水流域修造大型寺庙，不仅是崇佛亦是尊祖。

四、临夏与大夏

临夏古称河州，是齐家文化分布的核心区，亦可能是大夏故乡。7月23日8点从民乐出发，从扁都口穿越祁连山进入青海，参观青海省考古研究所后，晚上10点多才赶到临夏永靖。永靖有两处非常重要的齐家文化代表性遗址秦魏家和大何庄，双双沉没在刘家峡水库中。第二天我们乘坐快艇参观刘家峡水库，了解齐家文化分布区的地理环境。黄河及其重要支流洮河、大夏河在此汇合，自然条件相当优越。我们上岸走访了王家坡村，那里有一处尚未发掘的齐家文化遗址，石器、陶片随处可见，居民家中收集了一些玉器碎片。依山傍水，乐此不迁。

永靖博物馆展示了一些齐家文化陶器、石器、玉器，以及秦魏家男女合葬墓模型，使我们对齐家文化有了具体而亲切的认识。

24日来到临夏，受到了马颖馆长等的热情欢迎，参观了刚刚布置好还未正式开馆的临夏州博物馆。博物馆建筑和展品堪称国内一流，令人振奋。晚上与州史志办马志勇一见如故，所见略同之处甚多。第二天一起参观广河齐家坪遗址和齐家文化博物馆，广泛交换了意见、文章和资料。

夏可能与大夏河有关。汉代以前夏人主要活跃于黄河流域。其实夏河或大夏河是黄河的支流，亦可泛指黄河。《方言》第一："自关而西，秦晋之间，凡物之壮大者而爱伟之，谓之夏。"夏意为大，夏河即大河，大夏河是同义反复。《史记·秦始皇本纪》云："禹凿龙门，通大夏，决河亭水，放之海。"夏河或大夏河发源于青海同仁，流经甘肃夏河、临夏，于刘家峡入黄河。大禹治好了泛滥的夏河，华夏之"夏"可能来源于夏河。《尚书·禹贡》明言黄河中下游以及淮河流域和长江下游四州为夷人所居：冀州岛夷，青州嵎夷、莱夷，徐州淮夷，扬州鸟夷。如果有夏，最可能生活于黄河上游地区的雍州。《尚书·禹贡》："黑水西河惟雍州……厥贡惟球琳琅玕，浮于积石，至于龙门西河，会于渭汭。织皮、昆仑、析支、渠搜，西戎即叙。"夏与西戎或羌之关系难解难分。大夏河流经甘南和临夏，哺育了羌或党项民族。

大禹治水传说与积石山有关，临夏有积石山，位于齐家文化分布区。《尚书·禹贡》云："导河积石，至于龙门，南至于华阴，东至于底柱。"《水经·河水注》引《晋书·地道记》云大夏县"有禹庙，禹所出也"，汉唐大夏县在今甘肃临夏东南。临夏东南"西羌故地"曾置"大夏县"，"大夏城"遗址在广河县城西南10里左右台地上，当地人叫"夏古城"。马志勇等进行了初步考察，"夏古城"又可分"上古城"和"下古城"。

夏兴起于西北，与齐家文化有关。西北彩陶的衰落与青铜的兴起表明青铜时代游牧文化占了上风。齐家文化二联璜、三联璜、四联璜、五联璜出土众多，不禁让人想起"夏后氏之璜"。盉是齐家文化与二里头文化共有的礼器：临夏博物馆和广河齐家文化博物馆陶盉种类和数量之多足可以证明齐家文化与二里头文化有共同礼仪。

五、夏羊小考

这次考察活动持续两周有余，所到之处不一定能见到羊，但必有羊肉可吃，以手抓羊肉为多，黄焖羊肉、葱爆羊肉亦不少。东乡手抓羊肉全国有名，在临夏吃的是"冰抓"；夏日炎炎吃冰冻羊肉确也凉爽宜人。每一个地方的主人都说本地羊肉最好吃，平时不爱吃羊肉的人都会爱吃。唯有嘉峪关朱建军说嘉峪关的羊肉好吃，青海羊肉更好吃，那里有真正野放完全吃青草长大的羊。我以为他比较客观和谦虚，一打听才知道他来自青海。穿越扁都口进入青海祁连县，果然看到成百上千只绵羊散落在高山草地上。西北人爱吃手抓不证自明，实践证明南方人到了西北也会喜欢吃羊肉。

来到了齐家文化核心分布区临夏永靖，在刘家峡水库边王家坡齐家文化遗址终于与羊有了亲密接触。目前中国最早的较完整羊骨架见于甘肃永靖大何庄齐家文化遗址，其次是二里头。绵羊，又称夏羊。《尔雅·释畜》："夏羊，牡羭，牝羖。"《本草纲目·兽·羊》："生秦晋者为夏羊，头小身大而毛长，土人二岁而剪其毛，以为毡物，谓之绵羊。"这就是说齐家文化时代或夏代中国就开始养羊，因此绵羊被称之为夏羊。至今西北地区普遍牧养绵羊，正是齐家文化或夏代养羊传统的继续。

在中国历史上以养羊著称的是羌人。夏商之际羌人不仅广泛分布于西北地区，而且涉足于中原。殷墟留下了不少羌人的尸骨，甲骨文中还有大量有关羌人的记载。现在表明齐家文化、辛店文化、卡约文化均与羌人有关，羌人兴起于西北地区。四千年前或夏代之前中原并无山羊和绵羊。养羊不仅与羌有关，而且与姜有关。炎帝姜姓，以姜水成。传说中的炎帝部落亦以养羊著称，人多势众；虽败于尚武善战的黄帝部落，仍有炎黄子孙之说。

羊不仅是一种美食，而且在中国人的精神世界中意义非凡。羊大为美：羊是美丽的象征。吉祥、正义、善良等均与羊有关。这些都说明华夏先民对羊的欣赏和崇拜非常普遍和深刻。绵羊就是夏羊，为我们追寻夏文化的源头提供了指引。

六、聚焦齐家文化

通过这次多学科田野调查和自由讨论加深了我们对齐家文化与华夏文明关系的认识。长期以来齐家文化被误认为是新石器时代晚期文化而被严重忽视，至今国内没有一部齐家文化专著出版。法国戴寇琳的博士论文是世界上正式出版的第一本齐家文化专著。其实齐家文化是中国最早的青铜文化，九十岁的丑小鸭早该长成天鹅了！

为什么不是辉煌一时的马家窑文化，而是相对低调的齐家文化？马家窑文化是相对单纯的新石器时代定居农业文化，齐家文化才是复合的青铜时代文化。定居农业文化是卵子，青铜游牧文化是精子，两者结合形成的齐家文化才可能是华夏文明诞生的标志。华夏文明并非单纯的定居农业文明，也不是纯粹的游牧文明，是一种复合文明。西北地区处在黄河农业文化与西北草原文化的接合部，形成了独特多元的齐家文化。如果真有夏朝，夏是新石器时代或传说时代到历史时代的过渡期，也是游牧与农耕文化激烈碰撞与融合时期。深入系统研究齐家文化可以阐明华夏文明形成的历程。

我一直在等待齐家文化专著问世，现在却不得不自己动手。在冯玉雷等的督促和鞭策下，在叶舒宪、唐士乾等的关心和帮助下，匆促地写了这本小册子。迄今没有发现齐家文化大城址和夏代大墓，我们对夏的认识难免盲人摸象。二里头文化的众多要素如璋、戈、刀可以追溯到石峁遗址；石峁遗址可以看到齐家文化的明显影响，可以说是龙山文化与齐家文化的结晶。如果二里头文化是夏晚期文化，齐家文化就是夏早中期文化。二里头遗址很可能是夏代的末都，石峁遗址最有可能是夏代首都。期待齐家坪、喇家遗址和磨沟墓地考古报告和精细的齐家文化专著早日问世，盼望石峁遗址石破天惊之后华夏文明之源真相大白。

2014 年 12 月 1 日于北京甘露园